China's
Education:
Research &
Review

丁 钢 主编

CSSCI来源集刊

中国教育：研究与评论

China's Education: Research & Review

国际性中国教育研究集刊

第22辑

教育科学出版社
·北 京·

编者之语

通常，人们会把文化研究划分为器物、制度和理念三个层面，其实对这三者既不可能加以分割，也无法就此将文化研究看作从器物时代到制度时代再到文化时代的渐进历史。这种线性的进化史观的思维方式，并不适合于教育文化研究。我们需要从不同的领域及其语境出发去考察与探寻教育文化现象的发生发展，这样才能保证教育文化研究呈现教育文化实践的多元形态与丰富内涵的可能。另外，以往人们更习惯于讨论教育与文化的关系问题，其实教育本质上是一种文化事业，教育活动本身就是一种文化现象，我们需要把教育文化研究看作关注在不同领域和语境下各种教育文化实践形式与发展是如何制约与促进人们的教育行为的研究，并将研究视野从宏观的关系视角转向更广泛的社会群体尤其是基层社会，考察更加细致而多元的活生生的教育文化生活本身。

这种内在的学术理路和方法类似于伯明翰学派基于职业、年龄、教育程度和性别等的细致的研究，年鉴学派从整体史学到间断史学的发展过程。事实上，整体把握和局部精细都是需要加以整合的，与其做许多一般性而浮光掠影的描述，还不如在教育文化研究不断深入的过程中写出更丰富的细节和经验。因为，一种更为广泛或更具整体性的教育文化理解与构建，将来自更为多元的局部和具体的甚至是个体的微观分析基础上的勾勒与呈现。

《中国教育：研究与评论》

国际性中国教育研究集刊

教育科学出版社，北京

CHINA'S EDUCATION：RESEARCH & REVIEW

The International Referred Journal of Chinese Education Studies

Educational Science Publishing House，Beijing

目　录

学术研究与交流

镜鉴与津梁：庄泽宣与中国比较教育之肇端……………（1）
杨来恩

研究报告与评论

近代上海城市、社会性别与教育 …………………………（50）
王纾然

专题研究与讨论

师生日常生活中游谈的教育意蕴：以西南联大为个案的诠释 ……………………………………………………………………（93）
王喜旺

心传与文授：营造匠人的学习生活 ……………………………（122）
吴旻瑜

CONTENTS

ACADEMIC RESEARCH & EXCHANGE

Mirror and Bridge: Zhuang Zexuan and the Beginning of the Comparative Education in China .... (1)
YANG Laien

PROJECT-BASED RESEARCH & REVIEW

City, Gender and Education in Modern Shanghai .... (50)
WANG Shuran

TOPICS OF CURRENT RESEARCH

The Education Meaning of the Chitchat between Teachers and Students in Daily Life: A Case Study on Southwest United University … (93)
WANG Xiwang

Enlighten by Koan & Instruct by Text: Architecture Craftsmen's Learning Life …………………………………………………………… (122)
WU Minyu

镜鉴与津梁：庄泽宣与中国比较教育之肇端

Mirror and Bridge: Zhuang Zexuan and the Beginning of the Comparative Education in China

杨来恩（Yang Laien）
福建师范大学教育学院
The College of Education，Fujian Normal University

内容提要：作为中国比较教育学科的先驱，庄泽宣①从哥伦比亚大学师范学院借鉴并移植了比较教育理论。为了求索“新教育中国化”的道路，庄泽宣将民族性作为比较教育研究的核心内容，运用历史学与文学的方法揭示各国的民族性，探讨民族性与教育制度的相互关系。基于此，他试图建立自然环境、民族性、经济力、社会组织与教育等诸要素之间的互渗关系网络，探求学校之外影响教育的力

① 关于庄泽宣的出生年，已有研究出现了三种说法。第一种为1894年，见：申畅，陈方平，霍桐山，等. 中国目录学家辞典［M］. 郑州：河南人民出版社，1988：405；顾明远. 教育大辞典：12［M］. 上海：上海教育出版社，1992：18. 第二种为1895年，见：张锋. 当代中国百科大辞典［M］. 北京：中国档案出版社，1991：946；顾明远. 中国教育大系：历代教育名人志［M］. 武汉：湖北教育出版社，1994：581-582；贾馥茗. 教育大辞书［M］. 台北：文景书局，2000：578；陈慧珉. 近现代史迹［M］. 杭州：浙江古籍出版社，2012：103. 第三种为1896年，见：周川. 中国近现代高等教育人物辞典［M］. 福州：福建教育出版社，2012：141. 而根据庄泽宣本人在其著作《我的教育思想》中的论述“我于光绪二十一年的夏天生在武昌”，另据庄孟博（庄泽宣女儿）在《庄泽宣教授七秩晋五纪念文集》也述及“一九七零年岁次庚戌仲秋八月廿八日为家君七秩晋五悬弧之庆”，均证实庄泽宣生于夏季，不存在公历与农历转换中年份差异的情况，因此其出生日期应为1895年8月20日。

量。对民族性问题的重视深刻影响了庄泽宣的教育实践，他参与的“言文问题”的论辩和民众教育的推广，均着眼于中国民族性的改良。

关键词：庄泽宣；比较教育；“新教育中国化”；民族性

Abstract: As a pioneer of comparative education in China, Zhuang Zexuan borrowed and transplanted comparative education theory from the Teachers College of Columbia University. In order to seek the path of "the sinicization of new education", he considered national character as the core content of comparative education research. By means of the methods of history and literature, Zhuang Zexuan uncovered the national characters of various countries and further discussed the mutual relation between national character and educational system. Based on that, he attempted to build an interpenetrating network of relationships between various factors such as natural environment, national character, economic force, social organization and education, with which he tried to search the power outside school influencing education. Zhuang Zexuan's educational practice was deeply influenced by his highly valuing of the issue of national character. With the view to the improvement of China's national character, he participated in the debate on "problem of language and words", and the popularization of public education.

Key words: Zhuang Zexuan; comparative education; "the sinicization of new education"; national character

19世纪中期以降，如何将传统教育改造为现代教育，成为中国要面对的重大挑战。其时，知识分子纷纷倡导西学、翻译西书，其中不乏介绍欧美诸国教育状况及制度的内容。罗振玉、王国维作为睁眼看西方教育世界的先锋，于1901年创办了中国最早的教育杂志《教育世界》。借助期刊平台，罗、王二人翻译了大量西方教育思想与教育制度的资料。苏格拉底、柏拉图、亚里士多德、赫尔巴特、洛克、裴斯泰洛奇、福泽谕吉等外国教育家，最早就是通过《教育世界》为中国知识分子所熟知的。除却《教育世界》，王国维在《学部官报》上还发表了《欧洲大学小史》《法国之小学校制度》《法兰西之教育》等介绍欧洲教育制度的文章。然而，这些作品或出自《英国百科全书》，或源于美国教育部的《教育报告》，大多停留在引介层次。

19世纪末、20世纪初，清政府派遣了一批政府官员赴日考察教育，以期为中国新学制建设提供可资借鉴的榜样。在遭受了中日甲午战争的失败与八国联军侵华战争之后，清政府决意以教育制度改革作为突破口，实行所谓的新政。设学部、立章程、废科举等一系列举措，不可不谓亘古未有之大手笔，如不是国家、民族处在危亡关头，清政府绝不会同意改革旧制。然新学制毕竟是西方工业革命发展的产物，非源于中国本土，自然需向他国“取经”。近邻日本，因地缘、学缘的关系成为中国仿效的首选对象。1897年，姚锡光受张之洞所托，赴日考察学制。在日期间，姚氏对陆军省、文部省的各种学校进行了全面考察，回国后向张之洞呈递了《上张之洞查看日本学校大概情形手折》（王长纯，王建平，2016：21）。这份报告成为张氏拟定“癸卯学制”的重要蓝本。1902年，另一位教育大臣张百熙为拟定学堂章程，派遣吴汝纶赴日进行教育考察。历经三月余，吴氏对东京、京都等地的各级各类学校进行了周密的考察，详细记录了日本的教育发展、学制体系、课程设置、教科书等内容。考察报告洋洋洒洒十余万言，著成《东游丛录》。有学者认为，“《东游丛录》内容几乎是记载日本教育的‘百科全书’。该书全面介绍了日本的教育制度、教育思想和发展教育的具体方法措施，为清末教育改革提供了翔实而具体的材料，并为以后学制制定提供了可资借鉴的蓝本”（王长纯，王建平，2016：20）。

不容忽视的是，这些考察者多为官员，考察时间紧促，所记内容大多为日本教育制度的简要描述。尽管他们中的先进分子也意识到

“教育之法，大致可得要领，独施之吾国，尚有须访诸君然后能定者。此大事，未可草草”（吴汝纶，2002：396），但是，他们却忽略了日本已具备雄厚经济基础作为现代学制的支撑。从考察方法而言，传统的士大夫喜以游记、日记的形式记录闻见的内容，带有较强的主观随意性。康有为所著的《欧洲十一国游记》、王韬所著的《漫游随录》可视作这一考察方法的典范。这种撰写方式夹叙夹议，既有对异域风土人情的描写，也不乏游客的想象与论议。事实上，“异域的风土人情往往只是这些‘游客’们的道具而已，他们真正的目的并非在游记本身，而是要借游记之名，阐发他们政治改革思想之实，‘游客’之意不在‘山水之间’，而在‘改良体制’也”（李雪涛，2007：5）。如此写就的考察报告，往往缺乏客观性与科学性，而且，晚清知识分子的观念仍旧没能跳出儒家传统思想的窠臼。他们通常以中国文明为坐标，从中国传统的教育机构出发去揣度、想象西方教育制度中的各级教育的样式，或是以中国的知识体系比附西方的现代学科门类。因此，他们的游记或考察报告，只能算作外国教育制度的介绍，在严格意义上说，并不是科学规范的教育研究。

迨至民国，随着学习教育的留学生人数日渐增多，中国人对西方教育制度的了解日渐深入。“在很长一段时期内，中国人对西方形象的认识大都是梦幻般的，谁都不能具体说出‘大秦’、‘泰西’的准确位置和内容”（李雪涛，2007：4），相比之下，清末民初成长起来的知识分子对西方的认识，不再停留在“想象”“猜度”的阶段。他们大多有亲身考察西方教育的经历，关于西方教育制度的论述也趋于多样化、系统化：从国别上看，既包括德国、法国、美国、英国等大国，也不乏瑞典、丹麦、朝鲜等小国；从完整性上看，既有对各国教育制度的整体介绍，也有对初等教育、农艺教育、补习教育等各级教育的分类引入。进入 20 世纪 20 年代，庄泽宣的《各国教育比较论》、常道直的《各国教育制度》与罗廷光的《最近欧美教育综览》，真正跳出了内显型或“心比型”比较教育研究方法的窠臼，充分运用了西方理性主义的研究范式，既有实证的量化分析，也有详细的解释与分析。比较教育研究的理论体系得以初步建立。不仅如此，通过庄泽宣、常道直、钟鲁斋等教育学者的努力，“比较教育”逐渐成为一门大学课程，有力地促进了比较教育的学科化进程。

本研究拟以庄泽宣为个案，从微观的视角探究中国近代比较教育学人移植西方教育理论，回国后进行本土化创变与实践的艰辛历程。目前，学界已从比较教育学科的内在体系（目的、内容、方法）的视角阐述了庄泽宣的比较教育思想（马早明，2008；生兆欣，2011；周莉，2014），同时也注意到了其比较教育思想与“新教育中国化”之间的关联（陈伟，郑文，2012），并将民族性作为庄泽宣后期比较教育思想的核心内容（李运昌，李文英，2009）。然而，他们忽略了庄泽宣的比较教育思想与民族性、“新教育中国化”之间的内在联系，容易导致将其比较教育思想看作一种“历史遗产”，从而认为其比较教育思想缺少灵动性、鲜明性，更与其教育思想的实用主义倾向相悖。因此，笔者试图结合历史背景与庄泽宣的成长经历，勾勒其比较教育思想中的中国化色彩，侧重考察民族性与其比较教育思想之间的内在联系及其提出的以教育改造民族性的具体设想，就此展现20世纪初中国比较教育学人作为中西教育交流的“津梁”，革新中国教育的迫切愿望。

一、自东徂西的求学问道

庄泽宣（1895—1976）教育思想的形成与其家族经世致用的治学传统有着密切的关系。他的祖上毗陵庄氏，系明清时期的江南望族。普林斯顿大学教授艾尔曼（B. A. Elman）曾以进士“生产工厂”赞誉之（艾尔曼，1998：37）。作为家族的支脉，庄泽宣的祖辈簪缨辈出。他的父亲庄兆铭青年时已在政界崭露头角，晚清重臣李鸿章称赞其“年少才高”（于晦若，1986：14）。庄兆铭后来随同黎庶昌一同出使日本（戴东阳，2012：134），归国后，以道员选用并加二品顶戴（秦国经，唐益年，叶秀云，1997：725）。庄氏家族之所以能累世科第，在于其保留了经世致用的传统，这点从张之洞对庄兆铭的评价中可见一斑。庄兆铭曾到广西历练，期满，湖北巡抚谭继洵会同湖广总督张之洞奏报光绪帝，评价其“才具明练，办事安详，堪以繁缺留省补用”（贾维，谭志宏，2015：458），张之洞看重庄兆铭的才干，便让其协助办理新政（庄泽宣，1934a：代序 1）。庄兆铭不仅在处理政务上讲求切于实用，在儿女的教育上，视野也超越传统教育的藩篱，不执意举业，较早地将长子庄振声派赴日本明治大学修习法律。庄泽宣的其他兄长也相继入湖北自强学堂学习。在强调经世致用的家庭环境里，庄氏兄弟六人受到了潜移默化的影响。在专业选择上，他们均倾向于矿业、税务等实用学科。就庄泽宣而言，起初，他偏好技术类学科，一度在哈佛医学校与金陵大学的农科间踟蹰，后于 1914 年与同学一起考入交通部上海工业专门学校电机工程科（庄泽宣，1934a：代序 3）。

生于官宦世家，庄泽宣自小成长的环境自然要优于大多数同龄人。母亲王氏生于书香世家（徐雁平，2011：53）。曾外祖父王大经为清代著名文学家，人称“王武库”。康熙年间，御史魏双凤读到王大经的文章，惊奇道：“当世轶才也！”（江苏省地方志编纂委员会，2008：336）在文学方面，庄泽宣似乎承继了其曾外祖父的才情，好写游记与散文①。不论是欧美、南洋诸国，还是中国的大江南北，他每至一处必留笔墨，并以细腻的笔法记下当地的风土人情。这为他日后研究比较教育奠定了良好的文字基础。不仅如此，由于家庭背景不一般，青少年时期的庄泽宣已结识了诸多社会名流，其中不乏教育大家，如袁希涛、郭秉文、黄炎培、蔡元培、陆费逵、庄俞等。与这些人物的交往，既使庄泽宣树立了高远的志向，也为他的人生发展提供了重要的人脉根基。

1905 年，庄兆铭因与张之洞有隙，举家从湖北武汉迁往江西南昌。是年，庄泽宣入南昌的大同学校读书（庄泽宣，1934a：代序 1）。1910

① 1916—1917 年，庄泽宣在《交通部上海工业专门学校学生杂志》上陆续发表了三篇《西湖纪游》，为说明其文学之功力，现摘录其文中的片段：“舟行一箭，平湖秋月宛然在望，三面临水，后背孤山亦胜景之一。……游览既毕，乃出祠登舟返桨而东，但见湖山烟云一片，水天相接。抵城已夜色苍黄矣。借灯寻道始归。”（庄泽宣，1916b）

年，三兄庄泽容被咨送京师大学堂学习，庄泽宣随之到北京顺天高等学堂读书。尔后，在陆费仲忻的“怂恿”下，他又转至南洋中学。值得注意的是，“在南洋中学第四、五年级里，英文课本用得很多”（庄泽宣，1934a：代序 3），这为他日后阅读和迻译外文文献提供了便利。1914 年，庄泽宣考入了交通部上海工业专门学校电机工程科。在大学期间，庄泽宣喜好演说，展现出卓异的口才。在该校的第一次演说竞争会中，以题为“苦与乐之关系”的演说获得了第二名（庄泽宣，1916a）。数年后，他留学哥伦比亚大学，更是以题为“职业教育救国”的演说荣膺留美学生中部夏令会中文演说第一名（庄泽宣，1919）。除了演说之外，庄泽宣尤喜游历。对于旅行的爱好也许与他的生长环境有关。他自己也特别提到“南方人都喜欢远游”（庄泽宣，陈学恂，1938：495）。这与农本社会的传统“父母在，不远游”相背离（庄孔韶，2016：154）。但这种爱好培养了他细致入微的观察力。

从庄泽宣在大学的活动与行为表现可知，他性情外向且乐于交际。这也就不难理解其为何对电机工程专业不感兴趣，按他自己的话说，也就是性格不合。于是，在毕业的前一年（1916 年），他转学至北京的清华留美预备学校（以下简称清华），决意改学教育。这是庄氏生命中的一个重要转折点，如果他选择株守工科，则可能只与电机设备“相伴一生”。到清华以后，他在语言上的天赋便显现出来，先后翻译了《日本教育现状》与《讬氏（讬尔斯泰）日记精华》。作为一个行动派，他自然不会将教育研究停留在理论层面，而是自觉投入教育实践，“为校工及学校附近乡民办夜学，编白话报等”（庄泽宣，1934a：代序 3）。

1917 年夏，庄泽宣决定赴美留学。清华作为一所留美预备机构，为其进一步探寻西方教育的真义创造了机会。同年秋，他顺利进入迈阿密大学牛津分校学习。就读期间，他将研究的兴趣投注在职业教育领域，将美国职业教育的详细情况译介至国内，发表了《美国职业教育空前绝后之大计划》《美国职业教育发展之原因及吾国办职业教育者应研究之问题》《调查美国瓦省职业教育之记录》《纽约城之公立职业学校》《职业教育救国》等论文。其实，在清华求学时，庄泽宣对职业教育已产生了浓厚的兴趣，于 1917 年 5 月任中华职业教育社的干事①。他和黄炎培作为中国职业教育的最早倡导者，一致认为“用启发方式，使人人增其智能，即知即行之，并深明其意义，则职业教育是也”（《上海中华职业教育社志》编纂委员会，2007：166）。

1919 年夏，获得硕士学位后，庄泽宣选择前往哥伦比亚大学师范学院攻读博士学位。在师范学院，他师从比较教育学家康德尔（I. Kandel），从事教育基础理论研究。② 在其就读期间，该院开设了诸多课程，现节录部分，如表 1 所示。

表 1　1919—1920 年哥伦比亚大学师范学院课程表节选③

课程门类	课程种类	课程编号	课程名称	任课教师	学期	学分
教育史与教育原理	教育史	教育 225-226	美国教育史	孟禄（P. Monroe）	每学期	2
		教育 422A	教育与民族主义	赖斯纳（E. H. Reisner）、拉塞尔（J. E. Russell）、孟禄、康德尔	春季学期	3
		教育 425-426	美国教育史［实践课］	孟禄	每学期	4
		教育 428	中等教育问题的历史与比较研究	康德尔	春季学期	3

① 李文英教授等人主编的《比较教育学家思想研究》中的“庄泽宣比较教育思想”一章中认为庄泽宣是 1917 年中途回国后加入刚成立的中华职业教育社，恐与事实有误。据《申报》1917 年 8 月 16 日的第一万五千九百八十六号（上海版）记载，庄泽宣是 1917 年 8 月 18 日出国留学，而中华职业教育社成立的时间为 1917 年 5 月 6 日，故而不存在中途回国一说。

② 庄泽宣入学时，康德尔还是助理教授，1921 年晋升为教授。庄泽宣入学时，虽然师范学院设置了多门比较教育类的课程，但是比较教育在当时还没有成为一门专业，他的专业主要是教育基本理论。

③ 这里只节录与庄泽宣专业比较相关的一小部分课程。由于庄泽宣攻读的是博士学位，所学课程偏于研究性的高级课程，故关于本科生或者学科教学的课程均未录入。

续表

课程门类	课程种类	课程编号	课程名称	任课教师	学期	学分
教育史与教育原理	教育哲学	教育 441	教育哲学	克伯屈(W. H. Kilpatrick)	冬季学期	3
		教育 245	逻辑与教育问题	杜威（J. Dewey）	冬季学期	2
		教育 443-444	哲学与教育的历史关系[实践课]	杜威	春季学期	4
		教育 541-542	教育哲学[研讨会]	杜威、克伯屈	春季学期	—
	教育社会学	教育 295-296	职业教育	斯内登（D. Snedden）	每学期	2
		教育 297-298	生涯指导	韦弗(E. W. Weaver)、斯内登、迪安(A. D. Dean)、邦瑟（F. G. Bonser）	每学期	2
		教育 345-346	美国的工业与社会史	甘布里尔（J. Gambrill）	每学期	3
教育心理与测量	教育心理学	教育 251-252	教育心理学	盖茨（A. I. Gates）	每学期	2
		教育 252B	成人心理学	霍林沃思（L. S. Hollingworth）	春季学期	2
		教育 255	思维心理学	拉格（H. A. Ruger）	冬季学期	2
		教育 458A	初级学校的学科心理	桑代克（E. L. Thorndike）、盖茨	春季学期	3
	教育测验与统计	教育 453-454	心理学与统计学方法在教育上的运用	桑代克、麦考尔（W. A. McCall）	每学期	4
		教育 456A	心理和职业测试与结果的处理	拉格	春季学期	3
		教育 203-204	学校调查的方法和结果	恩格尔哈特（N. L. Engelhardt）、埃文登（E. S. Evenden）	每学期	3

续表

课程门类	课程种类	课程编号	课程名称	任课教师	学期	学分
教育心理与测量	教育实验	教育 211X-212X	初级学校的教育实验	麦考尔	每学期	2
		教育 256	习惯、技能、练习与记忆的心理学实验	拉格	春季学期	2
		教育 283 或 284	中等学校的监督、观察与教学	史蒂文斯（R. Stevens）及其助教	每学期	2
教育行政与学校监管	教育行政	教育 201-202	教育行政的原则	埃文登	每学期	2
		教育 405-406	学校管理者的研究课	斯特雷耶（G. D. Strayer）、恩格尔哈特、特拉布（M. R. Trabue）、埃文登	每学期	6
		教育 288	初级学校的组织与管理	布里格斯（T. H. Briggs）	春季学期	2
	比较教育	教育 203C-204C	教育与欧洲的重建	康德尔	每学期	2
		教育 407-408	比较教育［实践课］	康德尔	每学期	3
		教育 422A	教育与民族主义（国家教育体制在西欧与美国的发展）	赖斯纳、拉塞尔、孟禄、康德尔	春季学期	3
		教育 422B	教育与民族主义（通过教育发展弱势民族文化）	孟禄	春季学期	3

续表

课程门类	课程种类	课程编号	课程名称	任课教师	学期	学分
教育行政与学校监管	教学管理	教育 217X-218X	教育学与管理的试验	戴（G. A. Day）	每学期	2
		教育 277-278	乡村监导	邓恩（F. W. Dunn）	每学期	2
		教育 413-414	初级学校的监管问题与社会重建的关系	戴	每学期	3
	教育与学校卫生	教育 183-184	教育卫生学	伍德（T. D. Wood）	每学期	2
		教育 187-188	成人与儿童的卫生教育（含性教育）	伍德	每学期	2
		生物 104	教育生物学与社会工作	斯塔克波尔（C. E. Stackpole）、毕格罗（M. A. Bigelow）	春季学期	2

资料来源：Teachers College，School of Education announcement（1919—1920）[Z]. New York：Teacher College，Columbia University，1921.

虽然无从获得庄泽宣在哥伦比亚大学师范学院每学期修习的课程与成绩单①，但是从他的师承关系、选习专业、博士学位论文致谢词以及留学期间发表论文的内容，我们大致可推断他在哥伦比亚大学求学时的选课情况及知识谱系。一为职业教育。师范学院当时的职业教育课程相当齐备，聚集了斯内登、甘布里尔等著名教授。如前所述，在迈阿密大学时，庄泽宣已热切关注职业教育。攻读博士学位期间，他对这方面的研究进行了深化拓展，先后发表《美国家事教育》《关于职业教育的名词及定义》《怎么样指导职业?》《职业指导是什么?》

① 2017 年笔者曾托华东师范大学教育高等研究院的郭海骏博士至该院档案馆查询，未能获得相关资料，后从台湾师范大学刘蔚之老师处得知哥伦比亚大学师范学院将学生修习课程、学习成果等视为个人隐私资料，而非具有公共意义的史料，故对之保护甚严。

等论文。1922 年，甫一回国，他便出任清华职业指导部主任，出版《职业指导实验》《职业教育通论》《职业教育概论》等著作。这与其选修职业教育课程紧密相关。二为比较教育与教育史。在博士学位论文致谢词中，庄泽宣感谢的外国教授仅有康德尔、巴格莱（W. Bagley）、赖斯纳三人（Chuang，1922：Ⅵ）。其中，康德尔是庄泽宣的导师，而赖斯纳则教授其比较教育课程。此外，1921 年，孟禄出访中国之前，庄泽宣曾专门发表《介绍门罗博士》一文向国人介绍孟禄的基本情况。由此推之，二人的私交不浅。而《介绍门罗博士》提及“师范学院里教育部有三千多学生，其中约一千是在研究部，都是间接归博士指导，专学博士的功课也不少”（庄泽宣，1921a）。而庄泽宣本人就在研究部，自然受了不少孟氏的教益，这从他 1928 年出版的《西洋教育制度的演进及其背景》一书所展露的教育史功底可见一斑。事实上，庄泽宣对于缘何钟情于职业教育、比较教育与教育史，也有过说明：“在美国研究职业教育后，感到美国的办法虽好，但自有其背镜，不能依样画葫芦的搬到中国来，因此引起了我研究比较教育与教育史的兴趣。”（庄泽宣，1934a：代序 4）三为教育心理学。1919—1920 年，庄泽宣担任教育心理学系的暑期研讨会的助教，翌年，升任该系的研究员（Chuang，1922：Ⅵ）。暑期研讨会属于师范学院课程中的一类，主要针对研究生以上层次的学生。即便庄泽宣未选修教育心理学的课程，但是作为助教，多少也受过此方面的熏陶。他在《我的教育思想》中也自述：“教育心理学的研究本是我兴趣之一。以前曾经作过一篇不成东西的《动生感论》。”（庄泽宣，1934a：5）他还翻译了哥伦比亚大学教授霍林沃思的《应用心理学》。1927 年，任中山大学教育研究所所长时，庄泽宣还从德国购置了大量的心理学研究所需的设备，专门用于教育研究。上述种种资料表明，庄泽宣在师范学院求学期间，受到了良好的心理学训练与陶染。

在哥伦比亚大学，杜威、克伯屈一向对中国学生特别亲切（杨亮功，2008：88）。当时，杜威与克伯屈在美国教育界享有赫赫声望。庄泽宣在师范学院求学或多或少受到他们的影响。1919 年，中国爆发五四运动，杜威在美国著名的《新共和周报》上发表了两篇关于中国学生革命的文章，译者便是庄泽宣（庄泽宣，1920）。1928年，庄泽宣所著的《教育概论》在论述教育的定义时，列举了古今中外各家之说，对杜威的“生长说”推崇备至（周谷平，1996：185）。而且，庄泽宣还严格遵循杜威的连续性原则，反对个人与社会两种取向相互排斥的“二元论”。

综上可知，庄泽宣在求学时代受到中西方教育理念的共同滋养，他的学术视野得以开阔，而且注重学以致用。诚然，经世致用的家族传统使庄泽宣不会着眼于某种具体学问的探求，而主张吸纳不同流派的知识。这一点从他的博士学位论文《中国民治教育之趋势》可见一斑。该文以中国的社会、经济为背景，探讨了成人教育、儿童教育、师资训练、教育与生活的关系、言文问题等。《申报》对此文曾给出如是评介：

> 本书申述中国教育上之变迁，一切均援事实立言，并将各种有益于主持此项变迁者之建议分别参入。凡中国政治、社会及经济上之改革以及中国进步所以迟滞之原因，荀于中国教育上之趋势认为与有关系者莫不加以探讨，读之可以洞知中国社会与教育建设上改观之程度及其成就之大概。（佚名，1922）

宏大的叙事使他的博士学位论文略显“粗糙”。我国台湾学者刘蔚之认为庄文为“通论式写法，问题意识单纯，旨在引介、交流，增进外国人对中国的了解”；“以现况描述整理为主，缺乏明确理论视野，论文主题虽标示‘中国的民主教育体制’（democratic system of education in China），却未细腻深入处理‘民主’（或曰民治）问题”。（刘蔚之，2013）这的确是庄泽宣教育研究上的一大“弊病”。延伸至比较教育研究领域，与同时代的比较教育学者常道直、罗廷光相比，他似乎缺少一种“细腻感”。然而，就整个教育研究体系而言，他却比常、罗二人知识更为广博，视野更为开阔。

正是庄泽宣不拘泥于单个教育研究领域的特点，使他在哥伦比亚大学留学期间对于孟禄、康德尔等人开设的“教育与民族主义（国家教育体制在西欧与美国的发展）”课程产生了浓厚的兴趣，这促使他开始反思教育与民族性的关系问题。前文曾论及康德尔认为比较教育在内容上是对国家教育制度的研究，在时间上是继续教育史的研究，在空间上是对世界各个国家的研究（李文英 等，2012：207-209）。而民族主义与民族性共同构成康氏比较教育思想的核心（李文英 等，2012：213）。庄泽宣承继了康氏的思想，注重从民族主义、民族性的视角去分析教育问题。而民族性本身涉及人类学、社会学、政治学等多个学科。早年，他曾拜读日本学者野田义夫所著《国民性之训练》的编译本《英德法美国民性与教育》。这本书给了他很大的触动。在美国的五年，庄泽宣深信中国的新教育必须民族化。而语言是民族性形成的关键要素，然而“中国的言文问题极复杂，极不易解决，但是与教育的设施有很重要的关系”，故而，博士考试完毕以后，还有一年官费，庄泽宣决意把这一年的时间用来研究言文问题，到普林斯顿大学与密歇根大学学习语音学、语言学（庄泽宣，1934a：代序 5）。

基于对民族性问题的深入认识，庄泽宣的中国化意识也初步形成。在他编译的《美国家事教育》一书中，他就不主张盲目移植他国理论与做法：“吾之所以译著此书，意亦在供国内教育家之参考。至于吾国提倡家事教育之时，何者应取法于美，是赖有识之教育家采择之。”（庄泽宣，1921b：弁言 2）在他看来，近代中国的经济基础薄弱、政治局势混乱，学校教育的根基薄弱，这些方面与西方各国的状况呈天壤之别，抄袭或仿照他国只能以失败告终。在博士学位论文中，他坚称中国儿童的正式教育应从 8 岁开始。[①] 但是，在这个问题

① 考试委员觉得庄泽宣的主张太“革命”，是因为美国儿童的正式教育从 6 岁开始，德国儿童的正式教育从 6 岁开始，法国儿童的正式教育从 7 岁开始，英国儿童的正式教育从 6 岁开始（可参看常导之所著《各国教育制度》，中华书局 1933 年版）。西方国家工业发达、经济基础雄厚，儿童受教育的起始年龄较小。在这方面，庄泽宣主要考虑了中国的经济问题以及乡村教育的现状。

上，考试委员却觉得他的主张太“革命”了，坚决要他修正后再发表。对于委员们的意见，他予以辩驳，阐明“就中国的情形而论，儿童教育的普及年限愈短愈好，因此入学年龄愈高，效力愈大”（庄泽宣，1934a：代序5）。对上述问题的思考，奠定了庄泽宣教育思想的重要基础。

二、民族性之维：比较教育学科的移植与创变

新教育是西方社会发展的产物，要想将之移植到中国，适应中国的“环境”，首先须了解新教育的制度及其背景，不仅要知其然（教育制度的组织架构），而且要知其所以然（教育制度赖以存在的基础）。否则，中国化的新教育也就无从谈起。基于上述认识，庄泽宣开展了与比较教育相关的研究。在承继康德尔比较教育思想的基础上，他深化了历史-因素分析范式。从时间的维度，庄泽宣将教育史作为比较教育的“延长线”；从空间的维度，他建立了经济力、社会组织、民族性与教育的多歧互渗的立体式研究结构，并尤为强调各国民族性与教育关系的探索。为了更好地呈现研究成果，庄泽宣开创了“列国并比法”体例之先河。

（一）将民族性作为比较教育研究的核心

在比较教育领域，学者素来重视对教育制度的研究。萨德勒（M. Sadler）被广为引证的演讲的标题即为“我们从研究外国教育制度中究竟能学到多少有实际价值的东西?”（How far can we learn anything of practical value from the study of foreign systems of education?）康德尔也聚焦于六个国家的国家教育制度，在随后的几十年中，这一聚焦持续了下来（贝磊，鲍勃，梅森，2010：103-104）。作为康氏弟子，庄泽宣的比较教育研究自然也少不了对西方国家教育制度的分析与论述。他自己也说：

> 我是喜欢研究比较教育的，虽则比较教育的内容应该怎样，到现在尚无定论。十年前，我曾写了一本《各国教育比较论》，是以英、美、德、法四国的各级教育排比叙述，而另以专章来讲日、俄两国教育的。当然，世界上有六十多国，一部完备的比较教育应以所有的国为对象，不过事实上我们不得不承认英、美、德、法这四个国是世界上的先进，而且日、俄急起直追离他们的程度不远了，况且是中国的紧邻，这六国的教育制度至少是中国研究比较教育者所不可不知。不过，六国之中程度相当可加以比较的在十年前只有英、美、德、法四国，所以我的写法如此。最近美国的比较教育专家康特尔先生写的《比较教育》，是以英、美、德、法、意、俄六国的各级教育排比叙述的，方法可说是与我初无二致，不过去日而加意，可惜高等教育与职业教育都未列入。（庄泽宣，1936：序言 1）

庄泽宣的两本比较教育著作《各国教育比较论》（1929 年出版）与《各国学制概要》（1933 年出版），内容主要聚焦于日、法、英、德、美、俄六国的教育制度。各国的教育制度无非就是教育行政机关、小学教育、中学教育、师范教育、高等教育、职业教育、成人教育、乡村教育等内容。仅是各级教育在名称上有稍许差异，如日本的“寻常小学”、德国的“中间学校”及俄国的“统一劳动学校”。倘若从这两本著作的内容来看，庄泽宣延续了当时西方比较教育研究的传统，将教育制度作为比较教育研究的重心。但在笔者看来，比起教育制度，在庄泽宣的比较教育思想中，民族性居于核心的地位。

当代比较教育学者李文英等在《比较教育学家思想研究》一书中将庄泽宣比较教育思想的主要内容断为前期与后期两橛：前期以教育制度研究为主，列举了《各国教育比较论》《各国学制概要》两本著作中所蕴含的比较教育思想；后期则以民族性与教育的关系及中国民族性与“新教育中国化”问题的探讨为核心，主要参考资料为庄泽宣与陈学恂1938年合著的《民族性与教育》一书（李文英 等，2012：239-251）。事实上，庄泽宣对教育制度与民族性的思考并没有思想演进的前后之分，而是存在思想深度的层次之别。

从时间维度来看，庄泽宣对民族性的关注应早于对各国教育制度的研究。早在1917年留学之前，他已经阅读了朱叔源、赵南同编译的《英德法美国民性与教育》，且“读了以后大受感动”（庄泽宣，1934a：代序6）。在庄泽宣留学期间，拉塞尔、孟禄与康德尔等人共同开设了“教育与民族主义（国家教育体制在西欧与美国的发展）”“教育与民族主义（通过教育发展弱势民族文化）”两门课程。康德尔还单独承担了“教育与欧洲的重建”“比较教育［实践课］”两门课程的教学工作。在康氏看来，“探究一国民族特性对于教育的关系，是了解本国教育制度的关键：国家教育制度的差异源于一系列铸造民族、民族特性的力量；教育的性质必然带有民族特性的色彩”（徐辉，王正青，2006）。受孟禄、康德尔等人的影响，庄泽宣也尝试阐释国民性与教育之间的关系，如1920年在《留美学生季报》发表了《教育造国民性说》一文。1934年，他在自传中也总结道：“留美五年，更觉到国民性与教育关系之大。”（庄泽宣，1934a：代序6）

相较之下，庄泽宣真正从事西方教育制度研究，则是从他在厦门大学讲授西洋教育史课程开始的。1928年，他相继完成《西洋教育制度的演进及其背景》与《各国教育比较论》的撰写。在这两本著作中，庄泽宣吐露了对于民族性、社会、经济等背景因素对教育制度影响的看法。在《西洋教育制度的演进及其背景》中，他声称：“我们研究西洋教育史第一个理由便是因为要领悟现在的西洋教育制度形成的缘因，那末我们对于这种制度的由来与演进应该要特别注意。而且我们说教育制度是有地方性与时代性的，那一处地方那一个时代便产生那一种制度，教育与社会的关系非常密切，所以我们研究西洋教育史，不可不注意到社会的背景，然后知道一切制度的产生不是偶然的。”（庄泽宣，1928：5）在《各国教育比较论》中，他也表达了类似的主张：“一国有一国之地理民性，其学制之演进，各有其背景与缘由，其形成皆非偶然，若不问情形而盲目效之，其愚亦可笑矣。”（庄泽宣，1929a：15）由此可见，描述西方教育制度并非庄泽宣研究比较教育的主要目的，尽管西方教育制度在他的比较教育著作中占据了大量的篇幅，但是他更希望探究影响各种教育制度形成的原因。故而，庄泽宣的比较教育研究，主张将民族性的分析与教育制度的描述相结合，并将民族性作为分析各国教育制度成因与特征的主要抓手。

将民族性作为比较教育研究的核心，也是当时世界比较教育研究的大势所趋。从萨德勒那一代的比较教育学者开始，他们的研究已经不再满足于对外国教育制度的单纯引介或描述，而是努力探求不同教育制度产生差异的根源。由此，比较教育研究的范式发生了两大转变：一是注重历史研究，二是注重民族性分析。譬如：萨德勒一再提醒人们任何国家的教育都是其民族历史和民族性格以及社会背景的产物，盲目借鉴只能导致不良的后果（李文英 等，2012：161）。康德尔也明确指出：“除非把握了教育制度的核心——民族主义——比较教育的研究是无意义的。比较教育不能给我们各种标准，拿来测量各种教育制度的好坏……因为每一国的教育制度都充分表现出该民族的特性；换句话说，一国的教育制度，是一国所想望和值得有制度。”（康德尔，1940：14）康氏在《比较教育》中，还特意花了两章篇幅来论述民族主义以及民族性对教育的影响。此外，同时代著名的比较教育学者如施耐德、汉斯无不关注民族性与教育的关系问题。

庄泽宣将民族性作为比较教育研究的核心，与其紧跟比较教育研究的前沿密切相关。自哥伦比亚大学毕业后，他与导师康德尔过从甚密。1934 年，庄泽宣与陈礼江等人共同翻译了康德尔主编的《教育年鉴（1929）》（中译本书名为《各国教育制度的哲学背景》）。1936 年，应康德尔之邀，他参与《教育年鉴（1936）》的编写，负责撰写“中国最近教育状况”这一部分（庄泽宣，1929b：序 2）。与康德尔的频繁交往，使庄泽宣觉察到民族性的研究虽然历史较短，但是教育与民族性的关系却非常密切（庄泽宣，陈学恂，1938：

182）。并且，菲律宾、印度等国的教育制度之所以不能符合当地的需要，在很大程度上是忽略本国民族性的结果。毕竟比较教育研究是要通过对别国教育制度的分析研究，来达到更好地理解本国的教育制度、预测并改善本国教育的目的。而民族性为分析教育制度的差异与特征提供了重要的工具。庄泽宣希望促使"新教育中国化"，自然要对民族性做更深入的研究。

（二）历史–因素分析范式视域下的民族性与教育的关系研究

既然庄泽宣把民族性作为比较教育研究的核心，那么他又是如何将民族性研究嵌入对各国教育制度与教育思想的论述中的呢？若要回答这一问题就不得不对庄泽宣的比较教育思想方法进行详细的分析。自比较教育学成为一门教育学科开始，它就与历史学结下了不解之缘。孟禄、萨德勒、拉塞尔、康德尔起初都是教育史学者。在长期的研究中，他们从各国教育史的叙写中，发现了各国教育制度与教育思想之间的差异以及造成种种差异的因素。这些无法抹杀的明显因素或特征，均是历史沉淀的结果。萨德勒就曾指出："每个民族国家在一定程度上都受制于它的过去，无法改变它的教育方法，就好像它们只是机械装置。"（李文英 等，2012：162）康德尔等人认为比较教育是教育史的继续，而其所谓的"民族性"或"民族主义"，在某种程度上，也可视作历史的结晶。在学科建立初期，历史研究为比较教育学提供了重要的方法基础。

与比较教育学界的先贤相仿，庄泽宣的学术生涯也是从教育史研究开始的。他的博士学位论文《中国民治教育之趋势》即是一篇出色的教育史研究论文，论述了民国以降各类教育迈向民主过程中的背景、特征及问题的发展趋势。1928 年，他又编写了《西洋教育制度的演进及其背景》。在提及这本著作的写作目的时，庄泽宣说："我希望这本书或者可以引起大家对于西洋教育制度发展的一个新观点，另辟一条研究的新途径。"（庄泽宣，1928：序 2）显然，新观点、新途径指的是关于各国教育制度的研究不应仅限于当代各国教育制度内容的描述与分析，而应转换视角去追溯其历史。按照此思路，庄泽宣决意在通晓各国教育制度的来龙去脉后，再开始着手研究各国教育制度的现状。1929 年，他所著的《各国教育比较论》即是在对西方教育制度的背景与演进有清晰理解后完成的。因此，该书不再是制度情况的介绍，而是融入了制度特点的分析，这种思想路径深深影响了庄泽宣编撰比较教育著作的体例。

再就民族性分析而言，它与历史研究有着千丝万缕的联系。民族性最突出的地方，往往需要从民族的历史传统中寻觅。庄泽宣对于西洋教育制度演进史的考察，即是为了研究不同教育发展模式与文化或民族性等因素的相互关系。在阐述研究西洋教育史的目的时，他指出："教育是文化的一部分，而且是传递文化的唯一媒介，所以要认识与了解西洋文化的变迁不可不知道每个时期的教育制度。我们的注意点便在当时有什么样的文化，即有那一种相当的教育制度，这种制度是否不但能传递这文化，并且把他来发扬光大，增加与推广他的势力。"（庄泽宣，1928：5-6）尽管庄泽宣在这里使用的是"文化"，而非"民族性"，但是只要对比两词的内涵，就不难发现它们的相同点颇多。两者都是萨德勒所谓的"看不见摸不着的精神的和文化的力量"。

毋庸置疑，历史研究有助于比较教育学者找寻各国民族性的"痕迹"，但是历史研究有其特殊的研究目的，更何况民族性往往藏匿于历史资料的深层而不易被发现。相比之下，文学更能直接、明了地展现各民族的特性：法国的文学讲求浪漫、写实，体现在民族性方面即为重视人道的理想主义；德国的文学有很强的悲观色彩，如《少年维特之烦恼》《雾儿国歌》，与其喜沉思默索的民族性也有较大的关联。庄泽宣自小偏爱文学，受家学熏染，有扎实的文学功底。在厦门大学任教期间，他与鲁迅、林语堂等人过从甚密，从他们的文学作品中也汲取了不少关于民族性问题的知识。在中山大学，他又同何思敬、顾颉刚、汪敬熙、马太玄、容肇祖等人在"民俗学讲习班"讲授民间文学（直江广治，1991：182）。上述种种经历，使他体察到文学作为民族性格的一个缩影，与民族性存在种种勾连。正如他所言，“文学是民族思想的结晶，也是民族特性的表现物”（庄泽宣，陈学恂，1938：121）。此外，他还对比了不同地域、不同地理环境下的民族性与文学之间的关系，做了精辟的归纳。譬如：“东方民族和伟大的自然美相接触，比较容易得着诗的感兴，欧洲民族在文学上的表现，便气魄雄劲而紧凑。就是同在欧洲，南方与北方亦不尽同，南方民族的文学是热烈的、肉感的，北方是严肃的、理智的。大陆民族的特性偏于沉着保守，在文学作风上是雄伟深沉，海岛民族的特性偏于活泼进取，在文学作风上，也是轻巧织丽。”（庄泽宣，陈学恂，1938：121）

鉴于文学对于分析民族性的参考价值，庄泽宣通过书籍、报刊、口诵记录等多种途径收集相关资料。1929 年，在担任中山大学教育研究所所长期间，他在《教育研究》杂志上接连登载了征集儿歌及儿童游戏的广告。1934 年，在浙江大学任教时，他在学生陈学恂的帮助下，根据由他人口诵所得的材料，又整理了大量的民族性研究资料。他于 1938 年出版的《民族性与教育》所收集的中国歌谣、谚语、格言、对联等各种反映民族性的民间文学资料逾千条。由此可见，庄泽宣选择以文学的方式解读民族性，诚非渴而掘井，而是下了充足的准备功夫。

既然民间文学为庄泽宣剖析与解读民族性提供了崭新的视角，那么庄泽宣又是如何从民间文学作品中解读出各国特有的民族性的呢？兹以英、美、德、法四国的谚语、格言为例，庄氏首先胪列四国中具有代表性的谚语、格言，例如：

英国：

One ounce of prevention is better than one pound of cure.（未雨绸缪，胜于临渴掘井。）

Never say die! Up, mend and try.（勿畏死，奋起，再试之。）

Years know more than books.（经验胜于学术或时日之所知较胜于书籍。）

None knows where the shoe pinches better than the wearer.（鞋紧唯有穿者知。）

Let bygones be bygones.（往者已矣。）

No pains, no gains.（无所苦，无所得。）

A little leak will sink a great ship.（小罅沉巨舟。）

Knowledge advances by stops not be leaps.（学问之进步宜渐不宜急。）

A bird in the hand is worth in the bush.（手中只鸟愈于枝头一双。）

A man , like a watch , is to be valued for his goings.（人犹如时表一样，须进行不息，始见价值。）

……

美国：

It's better to be a has-been than a never-was.（做过一下，总比没有做好。）

Root, hog, or die.（不努力工作的不如死去。）

It won't hurt none to try.（尝试无害。）

The Lord is my shepherd, I should worry.（上帝不可靠，要靠自己。）

Smile, damn you, smile.（笑逐颜开吧！）

Cheer up, there ain't no hell.（打起精神来，今世无地狱。）

If you want to cure homesickness , go back home.（你要想家，回家去吧。）

……

德国：

Reden ist Silber, Schweigen ist Gold.（说话如钱币，缄默如金玉。）

Rede wenig, rede wahr; zehre wenig, zahle baar.（少说话，说真话；少花钱，付现钱。）

Fleisz ist des Gluckes Vater.（勤俭为命运之父。）

Lust zu viel hat Unlust zum ziel.（喜乐太多，其目的为悲苦。）

Arts hold fast when all else is lost.（万事可毁灭，惟艺术则永存。）

Beauty without understanding is vain talk.（美而不智是空虚。）

Sour work, sweet sleep.（辛劳则酣睡。）

Better die with honor than live with shame.（生而辱，不如死而荣。）

……

法国：

Anything for a quiet life.（安逸之生活为无上之宝。）

He gains enough who loses sorrow.（能忘忧者其享受实多。）

When a thing is done, advice comes too late.（事已完成，谏之无补。）

An art requires a whole man.（从事艺术者，非全副精神不可。）

The beautiful is always true.（外秀者内必忠。）

Justice is ever on the victor's side.（公理常在得胜方。）

……（庄泽宣，陈学恂，1938：128-139）

其后，通过对英、美、德、法四国的谚语、格言的分析，庄泽宣归纳出四个国家的民族特性：英国爱独立、重经验、富常识、重视活动、保守调和；美国喜自立、重实际、好近利、好动喜变、乐观进取；德国喜服从、重玄想、喜神秘、重视规律、沉着冷静；法国贵秩序、重理智、好逻辑、整齐划一、热烈豪放（庄泽宣，陈学恂，1938：140）。粗看起来，这种归纳方式略显草率，缺乏学术的严谨性。需要说明的是，这种归纳主要受制于外文相关材料的匮乏。此外，庄泽宣希望把民族性分析的重心落在中国。因此，在对中国谚语、格言的统计中，他采取了截然不同的分析方法，先交代资料来源情况，接着从质的方面，用具体名称概括各种民族特质，并划分为不同维度，如个人修身一类分为修身为本、内心修养、重仁、重义、重礼、重智、重信、重和衷共济等条目，而修身为本又分为讲务本之道、重修检身心、贵立志自强等细目；同时，从量的方面分析中国民族思想及民族性的可靠度，用各类的次数、百分比、等第等进行详细的统计（庄泽宣，陈学恂，1938：386-400）。然后，庄泽宣对典型的谚语、格言所表现的中国民族性进行具体分析，譬如：讲务本之道，列举了“从叶流根，是为敦本”（联语）、“国之本在家，家之本在身”（格言）以做说明；而重修检身心，选择了“读书医俗，独卧医淫”（谚语）、“君子重修身而贵择交”（格言）、“与人不求备，检身若不及”（联语）来做论证。最后，他还将分析的结果进行系统整理、归纳、分类，并绘制成一张简图（见图1）。

对比英、美等西方国家文学材料，中国的文学材料除谚语、格言、小说、戏剧外，还包括经书、诗歌、神话故事、谜语、绘画音乐、生活艺术、联语、歌谣等。尽管庄泽宣强调材料的丰富性，但是他更重视对材料的整理归纳和对材料中的民族性的剖析。他首先强调材料的分类。以小说为例，庄泽宣追溯至《汉书·艺文志》，后述及六朝小说《十洲记》与《洞冥记》、唐传奇、宋平话以及元明的演义。面对浩如烟海的小说，他将之归为三类：历史小说、社会小说、神怪小说。第一类受儒家影响较深，如《三国演义》《红楼梦》，后两类受道、佛思想影响较深，如《西游记》《聊斋志异》等。其次，对于不同的文学材料的重视程度也有差别。在十余种材料中，庄泽宣最重视谚语、格言、联语及歌谣。他认为：“中国的四书五经虽是上层阶级的经典，确能显示他们的思想，支配他们的行为；不过经书所载，大部分还是理想的、观念的，远不及代表大多数民众思想行为的谚语、格言、歌谣表现得实际和具体。谚语格言是民众的经书，歌谣是民众的诗，这是庶众应付日常生活的态度，也是他们亲身体察所得的经验，因此从这几方面分析可说比较客观的方法。”（庄泽宣，陈学

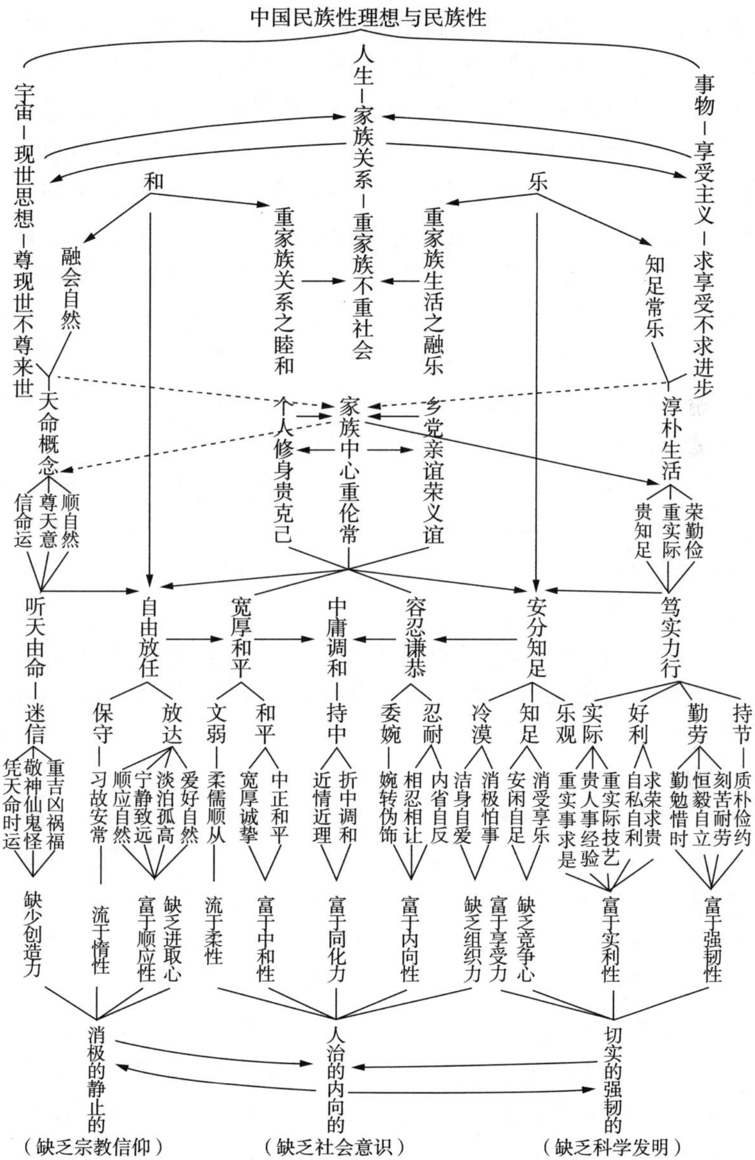

图 1　中国民族性理想与民族性（庄泽宣，陈学恂，1938：451）

恂，1938：403）因而，在众多材料中，这四类材料在书中占据的篇幅最大。以上两种工作固然重要，但庄泽宣深知对文学材料中民族性的解读要耗费更多的心力。这不仅需要有广博的知识储备，而且要对中国民族性本身有通透的理解。尽管他自谦对民族性的认识缺少深入的研究，但是他对于各种文学作品、绘画中所蕴含的民族性的分析确实鞭辟入里。例如，《三国演义》的开场白“话说天下大势，分久必合，合久必分”。他从中挖掘出中国人的宇宙观，即凡事都有轮转，遵照否泰循环之理。他对神怪小说也有深刻的理解：“《西游记》是佛家神话的总汇，《封神榜演义》是道家神话的总汇，《聊斋志异》则多述狐鬼。因为中国民族的心理凡是超自然现象的，也都要和现实相联络，所以神怪小说中的神仙鬼怪都具有人性。”（庄泽宣，陈学恂，1938：374）再以绘画为例，庄泽宣察觉到：中国的绘画以平淡天真为妙，要能使人见之心旷神怡，超然物外，题材偏于花卉、鸟类与山水，重视整体统一性与调和性等，这些均与中国爱和平淡泊的民族性相关（庄泽宣，陈学恂，1938：378）。然《民族性与教育》通过文学作品剖析中国民族性的地方不胜枚举，这里仅列举了数点而已。由此看来，通过不同类型的文学材料，庄泽宣解读出中国民族性的不同侧面。

诚然，民族性分析并非庄泽宣比较教育研究的终极目的。他主要想探究民族性与教育制度之间的相互关系。为此，他将该研究分成了三步：第一步，分析各国民族性的特征；第二步，探讨民族性在教育上的反映；第三步，阐述教育对民族性的影响。因而，在完成上文述及的民族性分析之后，庄泽宣继而从教育理想、教育制度与教育内容等维度探讨了各国民族性在教育上的反映。在他看来，“民族性对于教育的影响是多方与多层的。教育内容、教育制度的不同固可十分明显地表示民族性的差异，教育理想、教育哲学的分歧更可现出民族性的反映，况前者除直接受民族性影响外，还藉后者而间接地更受一层影响”（庄泽宣，陈学恂，1938：186）。譬如：“英国民族崇尚经验重自由，所以在教育哲学方面，经验学派与人格主义便占着主要的地位”（庄泽宣，陈学恂，1938：190）；美国的“实用主义本是一种民主主义政治下产生的国家哲学。民主主义的教育除偏重个人发展外，还注意到社会服务。所谓教育机会均等便是美国教育界高呼的口号”（庄泽宣，陈学恂，1938：193-194）；德国“民族教育中之最重要者，就是如何养成儿童有体验社会调和一致的共同意识。教育过程包括直接精神影响、生活教育与教化三种程序，以自然发展与社会组织为条件。基于这一个系统的教育哲学，无怪乎德国教育自开始统一运动以来，渗透了国家主义与民族主义”（庄泽宣，陈学恂，1938：197）。

民族性除了在教育理想上有反映之外，在教育制度、教育内容上也体现得格外明显。先就教育制度而论，美国人相信个性有无限发展的可能，同时也相信教育几乎是万能的，所以小学教育十分普及；而且美国人好新奇喜变动的特性，反映在教育制度方面，也异常显明。美国比起欧洲诸国来，在教育上常缺少固定的目标和公认的标准（庄泽宣，陈学恂，1938：205）。另就德国而言，教育系统是统一而非划一的，保守而非退步的。德国人富有实验精神，也勇于创造，但他们的创造，是意指在故旧中产生新奇。所以他们的学校系统经常是旧有制度和新建制度相互混杂（庄泽宣，陈学恂，1938：207）。此外，英、美、德、法四国的民族性在教育内容上也有反映。英国、美国对于知识教育的态度是偏于实用的；而德国、法国便重在纯理。另外，各国有关知识教育的科目，也因民族性的不同而受到不同的对待。英国人的兴趣在结果不在观念，所以英国人喜欢的科目是社会学、统计学等事实性知识的科目；法国人的兴趣在逻辑的思想，所以法国人喜欢的是哲学、伦理学等科目；德国人的兴趣在观念不在结果，所以德国人喜欢的是心理学、文学和种种抽象性知识的科目（庄泽宣，陈学恂，1938：225）。

同时，庄泽宣论述了教育对民族性的影响。他认为教育是传递文化的一种重要工具，自然对于民族性也有“反作用”。较之民族性对教育的影响，他指出，当时学界研究教育对民族性的作用的著作屈指可数，如柏克所著《民族性及其构成因素》、野田义夫所著《国民性的训练》等。这是因为“利用教育培养民族性，可说是族国主义兴起后才成为有意识的，在此之前就是有这方面的设施，目标既不显明，意识更不强烈”（庄泽宣，陈学恂，1938：299）。因此，这部分的研究在国际学界稍显单薄，资料也不及“民族性对教育的影响”那么丰富。庄泽宣意识到现代学制的建立，调整课程、统制教本本身就是一种教育培养民族性的体现。从微观层面说，第一次世界大战之前，利用教材促进民族的觉醒，在地理、历史两门学科中体现得最为明显。此外，教育对民族性的影响在各国的特殊设施上也有体现。庄泽宣做出了这样一个假设，即英国教育制度若没有了公学，美国的学校中若没有了课外活动，法国的课程若减去了道德训练，恐怕他们的教育就只剩下了躯壳，而优良民族性也决不能保存（庄泽宣，陈学恂，1938：302）。

除了民族性因素之外，庄泽宣还特别重视自然环境、经济力以及社会组织等因素对于教育制度的影响。在他眼中，这些因素与教育之间是多歧互渗的关系，即便没有直接的关联，也有间接的影响。在写作《民族性与教育》时，他已经开始编织各种因素相互影响的网络，清晰地描绘出各种因素之间错综复杂的关系及其对教育的影响（见图2）。例如，庄泽宣列举了经济力在整个社会方面影响到设备与教师薪金，在家庭负担方面影响到受教育年限。至于其间接的影响则有：其一，经济状况决定衣食住行的宽裕与否，影响到受教效率；其二，经济制度决定政治制度，影响到教育政策；其三，经济组织决定生产技术，影响到职业教育（庄泽宣，陈学恂，1938：序言5）。再如：社会组织对整个教育制度的影响是十分明显的。其间接的影响则有：“（一）宗教信仰与组织为初期教育兴起与现代教育推广的原动力之一；（二）家庭制度负担了教育上不少的职责；（三）职业团体负担了职业教育的重任；（四）救济事业是特殊教育推动的先锋；（五）政治制度是公立学校的根原，还决定了公民的训练方式。”（庄泽宣，陈学恂，1938：序言5）

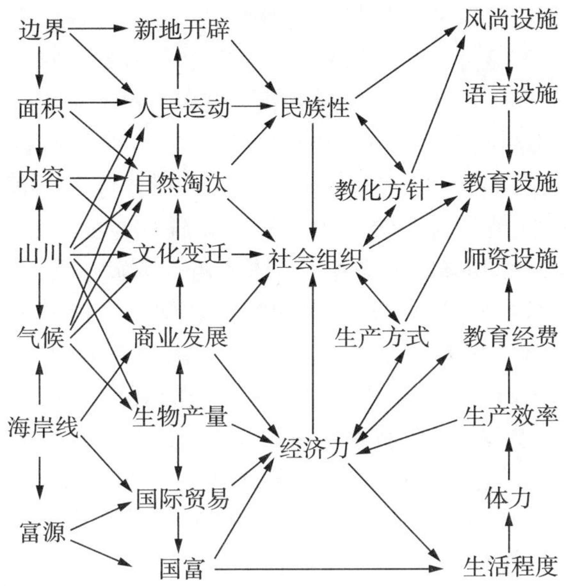

图 2　影响教育的各因素之间的关系（庄泽宣，1941：203）

通过对各国民族性的剖析，对民族性、经济力、社会制度与教育之间相互关系的阐释，庄泽宣证明了萨德勒“学校外部的力量比学校内部更重要”的观点。从这个意义上说，庄泽宣的比较教育研究真正承继了萨德勒、康德尔的衣钵，在对当时世界比较教育学界流行的历史-因素分析范式做出深入分析的基础上，还构建了影响各国教育的因素的网络体系。因此，这也奠定了他在中国比较教育学界的地位。

（三）首创列国并比的编写体例

比较教育研究不仅要思考研究对象如何厘定，研究方法如何适切、系统，也须虑及研究成果该以何种方式呈现。正如庄泽宣所说，“因为立场的不同，体裁也两样”（庄泽宣，1933：自序 1-2）。他所著《各国教育比较论》《各国学制概要》，即是典型代表。前者在历史、社会背景下探讨各国学制的特征，后者则纯粹梳理学校系统的具体情况；前者重比较分析，后者重事实呈现。由此观之，不同的呈现体例，对于研究目的、材料的择取乃至方法的选定都会产生重大影响。《各国教育比较论》作为中国第一部比较教育学专著，即便放置在其时的国际比较教育学界，也具有开拓性的意义。尽管早在 1918 年桑迪佛（P. Sandiford）、拉塞尔、康德尔等人就编写了一部《比较教育》，但该书主要用于比较教育课程的教学，在内容呈现上，将美国、德国、英国、法国、加拿大、丹麦六国教育制度逐一展开论述（Sandiford，1918：Contents）。但依庄泽宣的观点，此书算不上真正的比较教育学著作，比较教育学应重在"比较"，而非一堆资料的排列组合。因而，他撰写的比较教育学著作的参考文献均未将桑氏等人编撰的这本《比较教育》列入其中。1927 年，孟禄也出版了《比较教育论文集》。作为论文集，书中的内容仅是对各国教育状况的汇编，缺乏系统性、严谨性。而那本让康德尔声名大振的《比较教育》迟至 1933 年才问世。可以说，在编写体例上，庄泽宣当时缺乏一份系统的、可资借鉴的外国的参考书目。然而，康德尔出版的《教育年鉴》给予他不少启发。他选择以学制系统中的各级教育为经，以国别为纬，将各国教育背景与特点的分析与比较渗透其间。庄泽宣开创的这种编排体例被后世学者称为"列国并比法"。

现拟以《各国教育比较论》为中心，对"列国并比法"做一番说明。"列国并比法"的基本架构是把问题作为中心，以此区分章节。每一章即为一专题，每个专题均有明确的主题。这种框架与康德尔主编的《教育年鉴》的早期形式相仿，如 1924 年探讨"小学课程设置"、1926 年探讨"中等教育问题"，只不过庄泽宣是将学制系统的各方面问题集中起来讨论。1926 年，庄泽宣在编写《教育概论》时，已初步确立以问题为中心的指导思想，如在撰写第十二章"中等教育"时，就是以问题比较为体系，围绕中学、职业与补习教育、师范教育这几个主题，比较法、德、英、美四国的情况（邓友超，

2005)。正如邓友超所指出的："这种列国并比的方法为比《教育概论》晚一年出版的《各国教育比较论》在写法上提供了思路。"（邓友超，2005）故《各国教育比较论》亦遵循以问题为导向的编撰体例。该书第一章为各国学校系统的整体概述，总括德、法、英、美四国的教育制度的派别、历史渊源与特点；第二章至第八章分别就德、法、英、美四国的教育行政制度、初等教育、中学教育、高等教育、师范教育、职业及补习教育、成人教育以专题的方式展开论述；第九章、第十章则是对日、俄两国教育情况的简要介绍。在庄泽宣看来，近代的学校教育制度，主要分为大陆派（德、法两国为代表）与英美派（英、美两国为代表）。他在第一章开篇即言："今之谈各国一切制度者，每好分为大陆派与英美派，学校之系统亦然。"（庄泽宣，1929a：1）大陆派的学校制度"整齐划一，自上而下，故其成效易著"，而英美派"初无系统可言，其系统系俟各级学校发展后不得不生关系时而后整理成者也"。（庄泽宣，1929a：3）其余如日本、俄国、菲律宾、意大利等国家的学制都是这两派制度的变体而已。因此，他将德、法、英、美四国的教育制度作为并比法的主要研究对象。鉴于日、俄两国在国际政治舞台上的重要性，又与中国一衣带水，所以编著者列专章单独探讨两国教育制度的情况。

此外，"列国并比法"讲求比较方法的多样性、灵活性。这在《各国教育比较论》中也体现得淋漓尽致。其一，庄泽宣将相近的教育系统归类，对不同类别再行比较。譬如：对于四国的教育行政制度的比较，庄泽宣即是采用这种方法，先分述德、法两国的教育行政制度，总结"兹二国者，实大陆派之代表，其精神相同，一切改革皆自上而下，以法治而不以人治，效率或高而进步殊缓"（庄泽宣，1929a：16），后阐述英、美两国的教育行政制度，归纳"英美派之教育行政取自下而上之精神，重人治而不重法治，掌行政权者仅处于辅导之地位，设法激起舆论使各地各校自动前进。其利在自由发展，其弊在各地各校之进步，相差甚远"（庄泽宣，1929a：17），从而呈现出四国、两派不同的教育行政制度的差异。他采用的归类方法灵活多变，依内容变化而随时调整。例如，在比较四国的中等教育时，德、法、英三国归为一类，美国为一类，因为“德法英美四国之中学，除美国者外，均非为小学毕业生升学而设，且均为少数人求学之所”（庄泽宣，1929a：57）。再如，论述职业教育时，因地利使然，德、英两国重工商，法、美两国重农工，分类也与前两种迥异。或以一国教育系统为中心，兼论其他三国教育。譬如，在第七章中，庄泽宣以美国的职业教育为中心，论及：“美国之职业教育机关亦较德法为多，然比之英制则较划一，向来以多科式中学之职业科为最占势力，自全国职业教育案实行后，职业学校及补习学校取而代之。”（庄泽宣，1929a：130）其二，庄泽宣分述四国教育系统，最后再行分析归纳。在述及四国师范教育时，庄泽宣一开始即采用此种方式：“师范教育为中小学教育之根本，各国对之莫不重视。四国之师范教育以德国者办法最严，法国者分级最多，英国者训练最精，美国者课程最新，皆各有其特点，而其共同趋势则均将程度提高，务使小学教师皆受大学教育，庶眼光远大，学识渊博，足以担当国民教育之重任。”（庄泽宣，1929a：103）通过多种比较方式的穿插运用，四国各级教育系统的特点跃然纸上。这也就不难理解，马早明评价其“善于归纳和总结”（马早明，2008），而邓友超赞誉其重比较、善比较，“用梳理的方式比较，用比较的方式梳理”（邓友超，2005）。

不容忽略，“列国并比法”对研究者的要求比较高：不仅要求编著者谙熟西方各国的教育背景（历史、社会、政治与经济等方面），同时要对各级各类教育有通透的认识，否则，将难以驾驭相关错综复杂的资料。庄泽宣在哥伦比亚大学师范学院受到了比较教育专业训练与陶染，这为他的资料收集、比较法的运用以及对各国教育特点的分析都提供了不少助益，使之能够对德、法、英、美四国教育制度中的复杂情况措置裕如。

强调比较特性的“列国并比法”，在对各国教育资料的收集、处理与运用方面也有讲究。首先是资料的收集。这种体例的目的在于更好地呈现每个国家教育制度的鲜明特点及其成因，因此对于宏观的背景（各国的历史文化、经济、政治状况）以及中观的学校教育制度（各级各类教育）更为关注，至于某个学校的具体情况则无关宏旨，仅是作为辅助材料。为此，“列国并比法”更依赖文献材料，包括各国的教育政策法令、教育年鉴以及学者研究成果。值得指出的是，资料收集可谓庄泽宣开展比较教育研究的“软肋”。他在哥伦比亚大学师范学院留学时，国际研究所尚未成立，他缺少亲身考察美国教育的机会。在写作《各国教育比较论》时，他也缺乏欧洲教育的实地考察经历。1932 年，庄泽宣赴法国尼斯参加世界新教育会议，后在日记中坦言：“以前我曾经听到或从书本上读到欧洲自从大战以后教育方面大加改革，不过到底印象是模糊的，不亲切的。这次跑过以后，才发觉他们教育制度的改革的确要发生远大的影响。”（庄泽宣，1934b）尽管 1932 年在参会之余，他对欧洲的民俗风情、地理环境以及教育情况进行了考察，但毕竟是在他完成《各国教育比较论》之后。更何况，他当时的主要目的是参会，教育考察只是顺道之事。庄泽宣的聪慧之处在于“以瑜掩瑕”，利用“列国并比法”弥补了自身实地考察资料不足的“缺陷”。

其次是资料的处理与运用。除了前文所提及的突出比较方式的多样性、灵活性之外，“列国并比法”还要求研究者有优良的综合归纳能力。因为比较的内容不是简单地胪列多个国家的教育状况，将资料铺陈开来，而是要区分各国教育制度的优劣、良窳。因此，在对资料的处理上，编著者须将事实材料进行归纳提升，方能展露各国教育的特点。当然，归纳总结也需要事实材料作为佐证，形成一种总分式或总分总式的论证结构。以第五章“四国高等教育之比较”为例，庄泽宣对德、法、英、美四国高等教育的情况与区别做了总的概括与介绍，“德法英美四国之大学及专门学校大都为中学毕业生升学之机关，系养成各界专门人才与研究各种精深学问之所。德法之大学注重于学术之研究，而以养成专门人才委之于各专门学校，英美之大学则较注重于人才之养成，专门学校与大学无甚区别，惟多科者称大学，单科者或称大学或称专门学校”（庄泽宣，1929a：76），接着区分四国大学的性质，继而列举并分述四国高等教育的详细情况。而在分述四国教育的具体情况时，一般也会遵从上述的论证结构。

“列国并比法”以问题为导向、强调比较的风格，在1938年庄泽宣与陈学恂合著的《民族性与教育》中也得到了延续。此种架构有助于深度挖掘某个问题在各国的具体表现，尽管不能呈现一国教育制度之“全豹”，却能够彰显不同背景下教育制度的特征。问题好比一条丝线，而各国教育的零散资料就好比珠玉。雕琢者须按照珠玉的成色与等级加以甄选、排列，并将质地均匀的贯串起来。对于读者而言，这种体例的好处在于条理清晰、知一万毕，有助于读者迅速捕捉各国教育制度或民族性的突出特征。当然，列国并比的呈现体例也存在明显的不足。按照专题划分固然有利于凸显每个国家教育的特点，展现各国教育的不同面相，然而这种体例将教育制度肢解成不同的部分，不利于对一国教育制度的整体把握。特别是对于缺乏教育制度基本知识的初学者或者是普通读者而言，难以知晓一国教育制度的演进历程，也难以把握各级各类教育之间的关联。此外，“列国并比法”使研究对象的范围也受到限制。在庄泽宣的《各国教育比较论》中，真正得到比较的只有德、法、英、美四国，日、俄两国则是单独叙述。这是因为如果将日、俄两国纳入比较，各章就会变得愈加烦冗，比较的难度也会增大。而且该书将德、法两国与英、美两国划分成两派，也降低了比较的难度。虽然德、法、英、美四国是现代教育制度的发源地，但是20世纪20年代以后，日本、俄国、意大利、丹麦的教育制度也有其独特性，如丹麦的乡村教育与四国就迥然不同，对四国教育制度的论述显然不可能涵盖大多数国家的教育制度的特色。当然，如果将如此多的国家纳入比较，那么对每个国家的比较只能是泛泛而论，遑论鞭辟入里。

总而言之，庄泽宣采用的“列国并比法”，突出问题意识，强调比较的灵活性与多样性，在资料的收集与处理上也有特殊的要求。然而，这种呈现方式若处理失当，则存在“一鳞半爪”之虞。瑕不掩瑜，庄泽宣所撰写的《各国教育比较论》及其率先使用的“列国并比法”，对中国比较教育学的建立具有开创意义（马早明，2008）。

三、“新教育中国化”：比较教育理念指导下的本土化实践

20世纪20年代末，中国教育界掀起了“新教育中国化”的浪潮。梁漱溟、晏阳初、陈礼江、邱椿、崔载阳等一批学者开始反刍西方现代教育思想、制度与中国社会的适切性问题，探索与本土相适应的教育体制。在此背景下，留美归国的庄泽宣也着手搭建其“新教育中国化”的理论体系，明确指出西方教育制度要契合中国社会，需具备四大条件：一是合于中国的国民经济力；二是合于中国的社会状况；三是能发扬中国民族的优点；四是能改良中国人的劣根性（庄泽宣，1929c：23-24）。庄泽宣认为，“今日大中小三级制的教育来自西洋，断不能在中国大规模的推行”（庄泽宣，徐锡麟，1934：214）。为此，他设计了中国化教育的蓝图：以民众教育为基础，进而为产业教育，再进而为学术研究。在他看来，为了实现如上愿景，亟须解决言文问题、民众教育问题、边疆教育与华侨教育问题，因为它们关乎中国教育事业的整体发展。庄泽宣围绕以上问题，展开了充分的研究，并亲身参与实践。这种种研究与实践，均贯彻了庄泽宣比较教育研究“以教育改造民族性”的目标。

（一）言文问题研究的科学化尝试

语言文字是一个民族的关键构成要素。对于将民族性作为比较教育研究基础的庄泽宣那一代学者而言，他们自然深知两者之间的联系。康德尔在《比较教育》中论及：“有人主张语言为构成民族之基础的另一个因素，遂援引美国化的运动为例子。所谓美国化的运动，就是要做成统一的语言，而禁止以外国语为教学工具的学校。”（康德尔，1940：24）尽管不赞同美国化运动的做法，但是康氏坚信“语言对于民族的团结，确占了重要的位置。有统一的语言，固容易

增进彼此的共同心理，容易造成共同的兴趣，和团体的意识，并容易激发同仇敌忾的感情”（康德尔，1940：25）。庄泽宣也指出：“语言文字是人类传递意见的工具，彼此交际的媒介。同一语言文字的人民，易生团体的意识和共同的思想，也能发生共同的兴趣。因为人群一切的光荣史实和悲惨遭际都可藉语言文字表现，所以语文不仅是民族用以表现自己意志的工具，而且它所表现的还常能反映于民族。从这种不断的表现与不断的反映过程中，一民族便得不断地创进其文化而与其他民族不同。”（庄泽宣，陈学恂，1938：13-14）直至今日，语言文字与民族或民族性的紧密关系亦是学术界的共识。此外，前文述及庄泽宣从文学的视角解读各国的民族性，倘若从细处讲，即是对语言文字反映民族特性的肯认。

庄泽宣在芝加哥大学修习过语文学、梵文、实验语音学等课程，知晓语言文字之于现代学校教育的重要性，也深知其对于教育普及和民族文化传承的价值。毕竟，现代意义上的学习最早是从识字教育开始的。然而，他关于言文问题的研究不纯粹是比较教育研究的需要，也受其成长的时代背景的影响。晚清以降，中国社会结构的巨变引发了语言文字的改革运动。“从白话文运动走到国语罗马字运动，从大众语运动走到拉丁化运动，这两件事实证明了中国文字的改革成了不可避免的趋势。”（童振华，1937：144）五四运动前后，各类报纸杂志天天都在讨论这个问题。因为语言文字的问题实在太重要了，用庄泽宣的话说就是：“这个问题关系中国的前途很大，稍不谨慎，胡乱解决了，恐怕未必能‘一劳永逸’。”（庄泽宣，1922）他始终相信“这个问题不解决，中国教育不能普及；并且这个问题是很复杂，决不是打笔墨官司可以得完满的解决的”（庄泽宣，1933：229）。五四运动前后，拼音文字运动再度兴起，学界纷纷对以章太炎记音字母为蓝本，由中国读音统一会制定的注音字母表示不满。于是，就有了钱玄同的国际音标方案，钱玄同、赵元任的国语罗马字方案与庄泽宣的“科学字”方案。

庄泽宣之所以提出“科学字”方案，是因为他认为，“注音字母是为校正读音用的，本来的作用是代反切，充其量不过为一种将来完美的字母的先驱，决不是最后解决的工具”（庄泽宣，1934a：230）。对于钱玄同、赵元任等人的国语罗马字方案，庄泽宣也不完全赞同。他认为国际音标或国语罗马字究竟适用与否，并没有试验过。按照他个人的观点，罗马字母“在音的方面，因他本有价值，改拼中国音，很难正确；数的方面，必须增减；或者乱加符号，仍不免‘满面麻子’之诮。况且还有人我之见，难以通行”（庄泽宣，1934a：231）。在对当时的几种文字改革做了全盘分析之后，庄泽宣注意到这些改革方案都过于主观，只是用一个符号去代表一个音，容易导致音与形失去联系而不便记忆。

生逢分工与科学发达的时代，庄泽宣认为应该用“最新的科学方法”去解决言文问题。这需要借鉴文学、语音学、心理学已经找出来的途径，同时有足够的经费请专家用科学方法试验，才可能有好结果（庄泽宣，1923a）。在借鉴西方试验研究成果的基础上，他大胆提出了“科学字”的改革方案。第一，在音的方面，庄泽宣主张先定一种方言作为通用语或标准语。照他看来，北京音会好一点，一方面是因为世界各国用首都话做标准语的最多，如英国的伦敦话、德国的柏林话等；另一方面，在当时，已经有许多中外语音家对北京话做过科学的研究，知道音素有多少，造起字母来有根据（庄泽宣，1923b）。第二，在形的方面，一是拼音要另造字母以改变中国文字重形不重音的传统，二是造字母时手写与印模要愈少愈好以方便记忆，三是起头字母不必分大小写，四是用心理学去定最后的形，字母的形应该便于记、写、看、印。按照心理学的试验成果，写的方面可以先定数点：（1）横写比直写便，横看比直看快；（2）写起来，自左至右便；（3）转角的线，弯的比直的快；（4）若把一个字，照三角方法分为三百六十度，在二百三十度左右和它相对的曲线写起来最快（庄泽宣，1934a：235）。在数的方面，字母的数量就音而定，但断不能一个音一个字母。字母的数量应适中，太多不便记忆，太少许多音分不清。关于字母的数量，他主张用语音学的调解法（phonetic compromise）和微积分的最小量去确定（庄泽宣，1934a：235）。

在“科学字”的制定过程中，庄泽宣汲取了桑代克的实验主义思想。尽管庄泽宣没有桑氏那么极端，完全讲求研究过程的客观性、科学性，但是在文字改革问题上，两人的主张却是一致的。庄泽宣认为科学方法包括了两层含义：其一，要客观不要主观。照他看来，主观是捉摸不定的，是随时随人变的；客观则比较恒常。例如：北京话到底有没有入声？这入声是什么性质？与其打笔墨官司，不如拿语音学的仪器来测量便知。其二，要请教专家。在科学化的时代，各种学问都有专家，他们的研究都应收集起来作为参考，在未得出结论之前，都应一一虚心研究。在《解决中国言文问题的几条途径》一文中，他综合吸纳了德国、美国、英国、丹麦等国语言学家的思想，提出了语言文字的推行须经过科学试验的观点。

“科学字”方案提出后，随即遭到林语堂、钱玄同等人的质疑。林语堂在《晨报副刊》中开篇即言：“庄君泽宣于本报副刊上论《解决中国言文问题的几条途径》，赞成用科学方法研究将来应取的拼音文字制度，而反对采用罗马字制。我以为当此罗马字运动方始鼓吹的时代，这种论调是有碍于此运动之前进，所以不得不抒个人的意见。”（林玉堂，1923）其后，他又指出庄泽宣的“科学字”方案眩人耳目、混乱的问题，认为该方案无法真正解决中国的言文问题。林语堂没有正面反驳庄泽宣的主张，先是以“何必罗马字”为标题，指出了庄泽宣提出的“蔼斯伯森的分字母制”“培尔与斯会脱的表象制”“速记术类”“科学方法试验”四种方案中，前两种是发音学字制，不合通用，第三种与研究问题的性质相去甚远，而第四种则是所见问题不同。紧接着，林语堂分别对这四种方案不合适的原因做了阐发。尤其针对第四种方案，他认为“新文字问题不是用科学方法试验研究为最合适的”，主张文字的要素不应像庄泽宣那样只强调最科学、最经济，而应考虑“经济”“美观”“文化关系”等要素（林玉堂，1923）。他列举了一个例子：“‘赵元任式’中有以 q 代 ng（以 Luq 代 Lung）一办法，论发音与经济都比从前的 ng 好，但恐怕因为与社会上所摸不着、科学所无法试验的一种‘美感’相碰而卒至于失败，旧式之 ng 反保存。”（林玉堂，1923）他用此例说明文字改革除了要讲究科学、经济，还要注意美感问题。

面对质疑，庄泽宣首先言明，他并没有声明要即刻采用推行所罗列的四种方案，只不过希望研究言文问题的学者去研究。同时，他也指出了双方的根本分歧在于一方主张创造，另一方则主张借用。庄泽宣对于林、钱两位先生知道罗马字坏处很多，还主张要借用的做法感到疑惑。此外，对于林语堂提出的美观要素，庄泽宣认为其无法得到测量，也是值得商榷的。

经过双方的辩论，我们可以看出，庄泽宣特别强调运用科学的态度去解决言文问题，主张自主创造而并非移植他国的文字。这种观念与他所倡导的“新教育中国化”的思想是一致的。然而，一味追求客观化使庄泽宣忽视了创造字母的难度。同时，语言文字与文化难以割裂，更无法测量，要真正做到客观化谈何容易。此外，他还忽视了罗马字的另一优点，就是能为中国的语言文化与世界各国的相互沟通提供便利。显然，庄泽宣的“科学字”方案带有强烈的理想主义色彩，难以促进文字的普及与推广。不容忽视的是，庄泽宣以教育学者的眼光，考虑到大多数民众的接受能力，倡导运用心理学、语音学等学科的科学方法研究言文问题。在当时各式各样的方案中，“科学字”方案可谓独树一帜，对中国近代的拼音、文字改革起到了重要的推动作用。

（二）民众教育的推行与民族的出路

20 世纪 20 年代后，中国也开始掀起了民众教育的浪潮。至 30 年代，这股风气得到进一步的张扬，波及层面之宽，影响之大，使得举国上下莫不以谈“教育”为时髦。以晏阳初为代表的“平民教育”，以梁漱溟为代表的“乡村教育”，以陶行知为代表的“生活教育”，以黄炎培为代表的“职业教育”，种类丰富繁多，而以庄泽宣为代表的“民众教育”更是将关注的视角延及图书馆（余训培，2013：32）。民国时期，庄泽宣倡导的民众教育可谓别具特色、自成体系。

庄泽宣主张实现“新教育中国化”最理想的方式就是民众教育。无论是民族劣根性的改造还是民族优点的发扬，民众教育的手段最切合中国的国情。他曾大胆地提出：“民众教育是将来中国‘正统’的教育，假如能为大多数民众谋幸福。”（庄泽宣，徐锡麟，1934：213）倘若要创造一个合于中国国情的教育制度，在他看来，民众教育必须占主要的地位。因为“今日大中小三级制的教育来自西洋，断不能在中国大规模的推行”，所以他提出改造中国教育的具体设想，以民众教育为基础，其上是产业教育，再其上为学术研究。根据这三个层级，“第一级学校称为基础学校，凡是国民——无论儿童或失学的成人——必须受的；第二级学校称为产业学校或劳动学校，为各业划分的职业学校；第三级称为学术院及专门学校，才是研究学术和养成领袖人材的地方”（生活书店编译所，2012：178-179）。

至于如何落实、开展民众教育，庄泽宣坚持自己一贯的风格，即以研究为基础，而后再进行试验。在中山大学任职期间，他将民众教育作为三大核心工作之一，通过三年的努力，完成了一大批具有重要参考价值的研究成果：（1）基本字汇的编制；（2）商店名号用字之研究；（3）三民主义用字用词统计；（4）简字研究及创制；（5）千字课的分析；（6）民众基础读本的编制；（7）成人学习文字的实验研究；（8）民众常识教材的搜集与整理；（9）民众实用计算教材的搜集与整理；（10）广州平民读物研究；（11）民众学校师资问题；（12）民众教育建设纲领草拟；（13）成人阅读各种材料的实验；（14）民众教育馆组织问题的研究；（15）民众学校招生暨留生问题的研究；（16）民众教育书目及论文索引之编制；（17）民众学校计算课程的研究；（18）阅读上知觉广度之发育研究等（庄泽宣，徐锡麟，1934：序言2-3）。通过系统的研究，庄泽宣发现各国现有的民众教育的方式“有学校式与社会式，广泛式与精审式，及偏知、偏情、偏体的”（庄泽宣，徐锡麟，1934：212）。他深知在中国，“民众教育还在幼稚时代，施教机关大都在城市，因此受教的大都是工商，时间大都是晚上，又因一般民众多不识字，以致民众教育的内容极为浅薄，人生中心思想固谈不到，技能训练也没有相当的位置”（庄泽宣，徐锡麟，1934：212）。针对中西国情不同，庄泽宣敬告时人，中国的民众教育制度再不能重蹈中小学教育的覆辙，不思而行地乱搅，使一般民众对民众教育也失去了信仰，而是要适合民众的需要。

在对中国民众教育的历史、现状有了全面的了解之后，庄泽宣认为当时民众教育的目的当为使人民生活安定、经济状况复苏、整个民族能够透过一口气来。如何使人民生活得安定，庄泽宣主张以教育的方式推动农业改良、合作事业与村治运动，还要建立起民众武装。他特别推崇梁漱溟在山东邹平县的三条做法：“一则地方不靖者，莫先于举办乡村自卫”；“一则地方有红枪会或其他帮会组织，亟宜作一种化导功夫，务使其尽相当之用而不为害”；“一则鸦片毒品发现流行的地方，亟宜公议查戒杜绝之方。毒品流行，为祸最烈；然其始必自村中有不务正业之游民，又每与娼赌等事相缘，实为村风败坏的问题，非单独的一件事。唯靠乡中老成端正之士，团结一致，共负起挽救整顿之责，建树良好村风，别无他法”。（梁漱溟，1933）庄泽宣认为这三条是使农村生活安定、标本兼治的良方（庄泽宣，徐锡麟，1934：219）。至于经济的复苏，他认为要走信用合作的道路，这样可以避免商人中饱私囊或压低售价，防止农民破产。照庄泽宣的想法，经济复苏后，农村的各种娱乐方式，如草台花鼓戏、读小唱本等才可能复兴。利用娱乐的手段对民众进行教育，是一种行之有效的方式。此外，经济复苏也会使民众感受到文字教育的重要性。

就民众教育的内容而言，庄泽宣主张着眼于民众的真正需要，减少专门术语的使用，内容流畅、真实、生动，符合成人的思维。以往的平民教育与民众教育的内容以识字为主，而且要求在短时间内掌握一定的数量。他就质疑四个月识一千字的做法。在他看来，即便能够认识这些字，不继续受教有何用？而民国教育部编写的中国语一科的教材，“虽包含公民、常识、音乐等混合教材，似仍注重识字而非以养成阅读能力为目的，算术课本可议之处亦多”（庄泽宣，1946：45）。为了使民众教育的教材更加符合大多数民众的需要，让他们所学为所用，庄泽宣综合陈鹤琴、敖弘德和王文新等人的四种常用字汇（其中王文新的为两种），编成为《基本字汇》（广州中华书局1938年出版），收字5262个（苏培成，2001：116）。然而，他认为各字绝非单独可以认识，必须从阅读经验中学会。以基本字汇为基础，庄泽宣又编写了《人人读》（12册）。这套民众读物遵循阅读的心理规律，“每介绍一个生字时，该字在同一课文中发现至少三次，以后十课内并继续复见，至少十次；且每课要长，生字要少”（朱智贤，2002：625），目的是使受教民众能够读、写、用，而不仅仅是识字。让庄泽宣未料到的是，《人人读》出版后成为中国内地多个省份通用的民众教育教材，且风靡南洋、香港等地民众学校，美国耶鲁大学中文班甚至还根据此书编写讲义（庄泽宣，1946：45）。

与邰爽秋、余家菊等推行民众教育的教育家相比，庄泽宣的民众教育思想最鲜明的特色在于民众教育的基础设施建设与实施方法。在民众教育的基础设施建设方面，除了传统的民众学校、民众教育馆之外，庄泽宣对图书馆、博物馆、美术馆、戏剧音乐院、科学馆、体育场的建设尤为关注。以图书馆为例，在为徐旭撰写的《民众圕实际问题》序言中，庄泽宣表达了他对图书馆建设的重视：

> 今日谈圕学者每抄袭异国，余夙主教育中国化，圕学固非例外，因欣然促其付梓。在中国办圕已与外国不同，办民众圕尤然。徐君且将再写《民众圕实际问题》一书问世。余深信未来之中国教育必将以民众教育为主体，而民众圕又将为民教中心，则此书出后，或能引起大众对民众圕之注意，其裨益岂浅鲜哉？因乐为之序。（徐旭，1935：庄序1）

庄泽宣将图书馆作为民众教育的中心，这是因为中国历史悠久，又是发明印刷术的国家，所以图书的收藏最早、最广。新文化运动之后，语体文开始流行，翻译创作的文学作品如雨后春笋，盛极一时，标点过的小说及有系统的丛书也开始出版（庄泽宣，徐锡麟，1934：135）。另外，报纸杂志的出版数量也非常可观，这些方面都为图书馆的设立创造了条件。图书馆建立后可以为民众提供自修之所，使他们通过读书获得某项专门的知识和技能。并且，图书馆与民众学校相辅相成，可以成为一个地区教化之中心。它不仅可以促进民众的智识，还可以促进当地形成良好的风尚。再就民众教育的手段而论，庄泽宣主张对于文盲众多的中国，民众教育的形式不应该仅限于文字教育，电化教育、戏剧、音乐等的收效往往更大。例如，电影、戏剧用艺术的方法表现事物与人生，是以伟大的电影、戏剧与教育常有不相悖而相成的地方。揆诸事实，在民众教育中，电影、戏剧深受广大民众的喜爱，而且教育成效明显。1938 年开始，民国教育部“先后成立巡回戏剧教育队四队，指定区域分别巡行演剧，遍历西北、西南各省市，收效甚大”（庄泽宣，1946：51）。他也注意到电影与戏剧不利的一面，它们毕竟是商业化的产物，“效忠”金钱，容易成为教育的阻碍。此外，一些“教育影片”“爱国剧本”，虽有相当功用，而以教育压倒艺术，也非发展电影与戏剧的正轨。因此，庄泽宣主张对于非文字教育的方式不宜提倡过力，避免使之从一极端走向另一极端。

在研究民众教育理论的同时，庄泽宣也积极参与各类民众教育的实践。在清华求学时，他曾担任学校夜校的教员，同时兼任《白话报》的编辑（庄泽宣，徐锡麟，1934：序言 1）。1929 年，在他的支持下，中山大学教育研究所办理民众教育试验学校，试行女中新教学法，指导特约乡村小学，设立民族中心制小学实验班，指导与番禺县政府合办的龙眼洞乡村实验区等（周谷平，张雁，孙秀玲 等，2012：334）。此后，崔载阳所倡导的谋“民族中心教育”之实现的乡村教育实验也受到了庄泽宣的影响与大力帮助。20 世纪 30 年代，庄泽宣多次参观梁漱溟在山东邹平的乡村教育实验，与梁氏深入交流乡村教育的办理经验。1932 年，庄泽宣到欧洲参加世界新教育会议时，也围绕邹平及研究院讲了很长的一段话，并将之视为中国新教育运动的一部分（马勇，1994：202）。

庄泽宣在民众教育方面的努力也获得了当时各类社会教育团体与学者的认可。1932 年 8 月 24 日，在杭州举行的中国社会教育社第一届年会上，俞庆棠被推选为常务理事兼总干事，庄泽宣与雷沛鸿、梁漱溟、高阳、李云亭、孟宪承、陈礼江、甘豫源、董渭川、陈剑修、尚仲衣等当选为理事（韦善美，程刚，1994：61）。1934 年 6 月，因交通不便和为了节省时间，梁漱溟径在《民间》杂志发出公开信，就乡村教育运动的动力究竟是政府、某一社团，还是民众自己这一“极严重的问题”，向各派领导人公开征询意见，庄泽宣即是重要代表人物之一（桑兵，关晓红，2007：396）。此外，当时有学者将民众教育分成不同的派别，如孙中山、沈玄庐的“国民党的农民运动”、冯和法等的“中国的社会主义”（依托中国农村经济研究会）、雷沛鸿的“广西的国民基础教育”、邰爽秋的“念二社派”等十一派，庄泽宣、崔载阳、尚仲衣等人属于“普通大学教授”派（中国社会科学院近代史研究所民国史研究室，四川师范大学历史文化学院，2006：675）。

邹韬奋曾评价庄泽宣的“新教育中国化”思想“很含有卓见的革命性，很值得我们特殊的注意”（韬奋，1930）。庄泽宣的革命性思想也贯穿在民众教育思想中。他认为整个教育制度的中心应该是民众教育制度而不是所谓的学校教育制度，所以主张所谓“教员”“学生”最好一律取消，非另有职业的人不能当教员或学生。换一句话说，教员、学生都应变成一种部分时间性的“副”业，而且一切有职业的人皆须做此种副业（邹韬奋，1995：137-138）。当时的中国经济凋敝、战乱频仍，而且一般民众对中小学式的“新教育”失去了信心，所以，他坚信民众教育是中国教育与中国民族的出路，是创造适合中国的教育制度的最有希望的一条路（庄泽宣，徐锡麟，

1934：216-217）。

四、结　　语

庄泽宣这代知识分子始终难卸心头的是那份“家国情结”，虽然体现方式或激进或淡泊，但是内心的挣扎却无处不在。晚清以降，中国国势衰微，学术研究方面也落后于西洋，甚至不及一向被中国人视为蕞尔的日本。在中日甲午战争、八国联军侵华战争之后，民族危亡的刺激使士人渐渐放下“天朝上国”的倨傲姿态，不得不将近邻日本和欧美诸国作为仿效对象。在此背景下，教育的功用日渐突显。如何改造传统教育，使之契合于现代学校教育，扭转国势，成为那个时代众多知识分子格外关切的问题。

伴随着西方教育思想、教学方法、教育实验的大量涌入，学人多将这些理论与方法奉为圭臬，并以高度的热忱付诸实践。然而，当时国内的多数学者由于缺乏对西方教育状况的深刻了解与切身体察，忽视了教育所依赖的经济、政治与社会条件，生搬硬套西方现成的教育模式，导致新教育进入我国后水土不服的现象时有发生。五四运动前后，杜威、罗素与孟禄等西方学者相继访华，他们在演讲中都提到“希望中国不单去输入模仿，要去创造”（杜威，1919），要注意民族性。

以庄泽宣为代表的中国近代比较教育学者为了趋避盲目移植之弊端，不再满足于对各国教育情况的事实性描述，而是力图将其还原到历史文化渊源之中。在《如何使新教育中国化》一书中，庄泽宣直截了当地批评当时“中国的新教育不是中国固有的，是从西洋日本贩来的，所以不免有不合于中国国情与需要的地方”（庄泽宣，1929c：23），“我们已往的错误，便是硬把实业已经发达国家的教育制度，搬到中国来。所以只是造成了若干的高等游民，于国家社会毫无补益”（庄泽宣，1929c：52），所以此日本化、欧化之教育不适合中国。庄泽宣希望通过自己的呼吁与研究，遏制其时盲目效仿教育模式的趋势，让国人真正知晓新教育及其发展背景。他所开展的比较教育研究也逐渐从“了解他者”转向“解释他者”：“了解他者”旨在为确立国民教育体制提供借鉴，而民族传统和历史文化的差异又促使他们“理解并解释他者”。譬如，庄泽宣采用的历史-因素分析范式旨在探究不同文化土壤中教育制度以及教育方法的特殊性，证明了中西教育传统之差异。此外，庄泽宣还积极在国内传播关于现代教育理念与教育制度的相关知识，无愧为中西教育交流之津梁。

参考文献

艾尔曼，1998. 经学、政治和宗族：中华帝国晚期常州今文学派研究［M］. 赵刚，译 . 南京：江苏人民出版社 .

贝磊，鲍勃，梅森，2010. 比较教育研究：路径与方法［M］. 李梅，主译 . 北京：北京大学出版社 .

陈伟，郑文，2012. 新教育中国化：论庄泽宣的比较教育思想［J］. 学术月刊（4）：152-158，160.

戴东阳，2012. 晚清驻日使团与甲午战前的中日关系：1876—1894［M］. 北京：社会科学文献出版社 .

邓友超，2005. 庄泽宣及其《教育概论》［J］. 教育史研究（2）：54-57.

杜威，1919. 学问的新问题［N］. 胡适，口译 . 晨报，1919-08-12.

贾维，谭志宏，2015. 谭继洵集：下［M］. 长沙：岳麓书社 .

江苏省地方志编纂委员会，2008. 江苏省志：90 人物志：一［M］. 南京：凤凰出版社 .

康德尔，1940. 比较教育：上［M］. 罗廷光，韦悫，译 . 上海：商务印书馆 .

李文英，等，2012. 比较教育学家思想研究［M］. 北京：人民教育出版社 .

李雪涛，2007. 我眼中的他者形象：“西洋映像手记”序［M］//王韬 . 漫游随录. 北京：社会科学文献出版社 .

李运昌，李文英，2009. 庄泽宣比较教育思想探析［J］. 河北大学学报（哲学社会科学版）（5）：85-89.

梁漱溟，1933. 山东乡村建设研究院设立旨趣及办法概要［J］. 河北月刊（2）：8.

林玉堂，1923. 国语罗马字拼音与科学方法［N］. 晨报副刊，1923-09-20.
刘蔚之，2013. 美国哥伦比亚大学师范学院中国学生博士论文分析：1914—1929［J］. 教育研究集刊（2）：1-48.
马勇，1994. 梁漱溟教育思想研究［M］. 沈阳：辽宁教育出版社.
马早明，2008. 民国时期：中国比较教育学科的初兴［J］. 教育史研究（2）：17-21.
秦国经，唐益年，叶秀云，1997. 中国第一历史档案馆藏清代官员履历档案全编：4［M］. 上海：华东师范大学出版社.
桑兵，关晓红，2007. 先因后创与不破不立：近代中国学术流派研究［M］. 北京：生活·读书·新知三联书店.
《上海中华职业教育社志》编纂委员会，2007. 上海中华职业教育社志［M］. 上海：上海古籍出版社.
生活书店编译所，2012. 生活文选：第一集［M］. 北京：生活·读书·新知三联书店.
生兆欣，2011. 二十世纪中国比较教育学史［M］. 北京：高等教育出版社.
苏培成，2001. 二十世纪的现代汉字研究［M］. 太原：书海出版社.
韬奋，1930. 读几篇教育革命的文章［J］. 生活（25）：409-411.
童振华，1937. 中国文字的演变［M］. 上海：上海生活书店.
王长纯，王建平，2016. 中国比较教育学科研究史［M］. 北京：人民教育出版社.
韦善美，程刚，1994. 雷沛鸿教育思想研究［M］. 沈阳：辽宁教育出版社.
吴汝纶，2002. 吴汝纶全集：三［M］. 合肥：黄山书社.
徐辉，王正青，2006. 康德尔比较教育方法论述评［J］. 比较教育研究（6）：5-9.
徐旭，1935. 民众图书馆学［M］. 上海：世界书局.
徐雁平，2011. 清代文学世家姻亲谱系［M］. 南京：凤凰出版社.
杨亮功，2008. 早期三十年的教学生活 五四［M］. 合肥：黄山书社.
佚名，1922. 中国民治教育的趋势［N］. 申报，1922-07-27.
于晦若，1986. 李文忠公尺牍：卷七［M］. 台北：文海出版社.
余训培，2013. 民国时期的图书馆与社会阅读［M］. 北京：清华大学出版社.
直江广治，1991. 中国民俗文化［M］. 王建朗，等译. 上海：上海古籍出版社.
中国社会科学院近代史研究所民国史研究室，四川师范大学历史文化学院，2006. 一九三〇年代的中国：下卷［M］. 北京：社会科学文献出版社.

周谷平，1996. 近代西方教育理论在中国的传播［M］. 广州：广东教育出版社.
周谷平，张雁，孙秀玲，等，2012. 中国近代大学的现代转型：移植、调适与发展［M］. 杭州：浙江大学出版社.
周莉，2014. 民国时期比较教育思想研究：以庄泽宣、常道直、钟鲁斋为例［D］. 南京：南京师范大学.
朱智贤，2002. 朱智贤全集：第二卷：教育研究与方法［M］. 北京：北京师范大学出版社.
庄孔韶，2016. 银翅：中国的地方社会与文化变迁：1920—1990［M］. 北京：生活·读书·新知三联书店.
庄泽宣，1916a. 苦与乐之关系［J］. 交通部上海工业专门学校学生杂志（1）：26-28.
庄泽宣，1916b. 西湖纪游［J］. 交通部上海工业专门学校学生杂志（4）：13-14.
庄泽宣，1919. 职业教育救国［J］. 留美学生季报（1）：79-83.
庄泽宣，1920. 杜威再论中国学生革命［J］. 留美学生季报（3）：149-153.
庄泽宣，1921a. 介绍门罗博士［J］. 东方杂志（10）：127-129.
庄泽宣，1921b. 美国家事教育［M］. 上海：商务印书馆.
庄泽宣，1922. 中国的言文问题［J］. 新教育（5）：13-21.
庄泽宣，1923a. 解决中国言文问题的几条途径：下［N］. 晨报副刊，1923-08-23.
庄泽宣，1923b. 解决中国言文问题的几条途径：上［N］. 晨报副刊，1923-08-22.
庄泽宣，1928. 西洋教育制度的演进及其背景［M］. 上海：民智书局.
庄泽宣，1929a. 各国教育比较论［M］. 上海：中华书局.
庄泽宣，1929b. 各国教育新趋势［M］. 上海：中华书局.
庄泽宣，1929c. 如何使新教育中国化［M］. 上海：民智书局.
庄泽宣，1933. 各国学制概要［M］. 上海：商务印书馆.
庄泽宣，1934a. 我的教育思想［M］. 上海：中华书局.
庄泽宣，1934b. 欧游教育印象［J］. 中华教育界（10）：13-23.
庄泽宣，1936. 各国教育新趋势［M］. 上海：中华书局.
庄泽宣，1941. 教育与人生［M］. 上海：中华书局.
庄泽宣，1946. 改造中国教育之路［M］. 上海：中华书局.

庄泽宣，陈学恂，1938. 民族性与教育［M］. 长沙：商务印书馆 .

庄泽宣，徐锡麟，1934. 民众教育通论［M］. 上海：中华书局 .

邹韬奋，1995. 韬奋全集：3［M］. 上海：上海人民出版社 .

CHUANG Chai-Hsuan，1922. Tendencies toward a democratic system of education in China［M］. Shanghai：Commercial Press.

SANDIFORD P，1918. Comparative education：studies of the educational systems of six modern nations［M］. London：J. M. Denton & Sons.

近代上海城市、社会性别与教育

City, Gender and Education in Modern Shanghai

王纾然（Wang Shuran）
上海市教育委员会
Shanghai Municipal Education Commission

内容提要：19 世纪末，随着维新运动的开展，女性教育在中国开始兴起。几十年间，中国女性走出闺阁，走向学校和职场，获得了独立和解放的可能，而这一变化在上海这一近代大都市尤为剧烈和多样。在近代上海女性教育与职业演变中，女性的社会性别和社会角色发生了彻底的转变。女性在教育中获得了社会的认同和自我的重塑，她们越来越深入地参与到教育过程中，找回了自己在教育中的位置。职业女性随着城市职业生态近代化的过程出现，为近代上海提供了生动的职业样本。教育对女性职业和女性自我发展的作用是多样化的。女性本身对自我的认同和认知在不断蜕变，最终在社会转型中实现了自我救赎，逐步接近了女性对于教育的自主权，对于性别角色的主动权，对于职业生涯的选择权。

关键词：近代；城市；社会性别；教育

Abstract: In the early 20th century, with the development of the Reform Movement, women's education began to rise in China. During the decades, women have been walking out of boudoirs, into schools and the workplace, gaining the chance of being independent and liberated. This change has been particularly dramatic and varied in Shanghai, a modern metropolis. Women's social gender and social roles have undergone a complete transformation in the process of women's education and career evolution in modern Shanghai. Women gained social recognition and self-reform in education who became more engaged in the education process and found their places in education. They emerged along with the process of urban occupational ecology modernization which have provided vivid career samples for modern Shanghai. The influence of education on women's careers and self-development was diversified. The self-identity and cognition of women were constantly changing. The awakening of women's self-consciousness in education and career fields was a process full of struggles. However, women achieved self-redemption during social transformation in the end and gradually approached women's autonomy in education, gender roles, and careers.

Key words: modern times; city; gender; education

在走向近代的过程中，上海似乎显示出她对女性的包容。这个城市以繁荣的商业、流动的人口、强烈的消费欲望、市场化的市民生活、旺盛的社交需求著称，不断地引进各种新奇的舶来品和标新立异的观念，催生了发达的商业和休闲服务业。正如左拉在《妇女乐园》里描述的商业资本在城市中引发的消费狂欢和对小生产者致命的打击，近代上海林立的百货店、公园、餐饮娱乐场所，在某种意义上是女性乐园般的活动空间。上海需要一群被城市教化的女性，她们又给这个城市以全新的诠释。

女性教育在近代上海得到了空前的延伸和拓展。在各类专为女性开设或接纳女性的学校里，受教育的女性获得了新的社会身份。之后，她们从学校走向了这个城市留给她们的职业空间。然而，城市与女性之间的关系极其微妙。“女性是城市的最大的受益者，女性也是城市文明的最显著的标尺；但是这一根显著的标尺常常在不由自主地晃动，女性又变成最容易受到城市化伤害。”（马尚龙，2007：245）无论在近代上海的哪一个领域和哪一个时期，掌握话语权的人们对女性接受教育和从事职业的态度，并不像四大百货公司招徕女顾客那么一直积极热心。城市赋予女性新的社会性别的过程是充满悖论和分歧的，正是城市和女性之间的相互审视与改造，使近代上海女性的教育与职业表现出生动的复杂性。

一、新城市与新教育

（一）城市生活空间的变迁

上海在南宋时期形成市镇。南宋绍熙四年（1193年）至咸淳三年（1267年），上海已初具城市雏形。据南宋董楷《受福亭记》记载，当时这里已设有市舶司，建有拱辰坊、益庆桥、受福桥，另有酒库、文昌宫、文昌坊、致民坊、徒神祠……。此地升为上海镇后，镇内设有市舶司、榷场、酒库、军隘、官署、儒塾、佛宫、仙馆、甿廛。至元二十八年（1291年）上海县建立，增设县署、衙门、校场、兵防、仓廒、海关、海防道署。上海老城厢地区教育事业源远流长。上海在宋末设置镇学，元初改为县学，经历代扩建和修整日趋完善。明清时期，上海创办了不少制度完备的书院，龙门、蕊珠、敬业、梅溪四大书院最负盛名，推动了上海文教事业的普及和发展。

1842年《南京条约》的签订，使上海成为中国对外开放的口岸之一，中国被迫接受了资本主义的新秩序。在此之后，中国与西方国家之间的关系发生了巨大的变化，上海成为各种人群、产业和规制集中的中心，在之后一个世纪里以各种方式影响着中国其他地区。

与其他四个口岸相比，上海似乎是最微不足道的城镇。她仅仅是一个县府的所在地，不是广州这样的省会城市；她也不像厦门和宁波那样位于海湾深处。然而，上海扼守长江的出海口，在15世纪就已经成为一座市场城市，向其他省份输出原棉、棉布和丝绸，从其他省份购入大米和茶叶。19世纪初，上海已经成为新的运输网络的龙头，并拥有以宁波人办的钱庄为代表的一套完善的信贷体系。元初开始由海运漕粮兴起的沙船业，沟通了内河、远洋航线，尤其是南北航线和长江航线，促进了上海地区贸易和旧式金融业的发展。1898年，上海中国资本内河轮运公司的经营，突破原先的限制，扩大至商业领域的客货运输，并开辟了新的航线，渐次形成“内河小火轮船，上海为苏、杭之归宿，镇江为苏、宁、清江之枢纽”① 的基本格局。“自苏、杭开埠和小轮开禁，上海与长江三角洲苏、锡、常、杭、嘉、湖等地的联系更趋密切，客货运往来频繁”，“每日小轮船之来往苏、嘉、湖等处者，遥望苏州河一带，气管鸣雷，煤烟聚墨，盖无一不在谷满谷，在坑满坑焉”。（戴鞍钢，2004）

内河航运工具的改进即轮船的运营，连同原先就有的众多大小木帆船的运输，进一步加强了上海与长江三角洲其他地方的联系。据统计，1897年沪、苏、杭之间乘坐轮船往来者已超过20万人次。进入20世纪，铁路、公路渐次修筑，但内河航运仍因其四通八达、价格便宜而大多长盛不衰。1905年，上海至南翔段铁路辟通。是年，嘉定人黄承炳等集资设立通济轮船局，专驶嘉定至南翔航线：“每日往返嘉翔，依火车之班次为准，船价每人钱八十文。”（佚名，1930）

开埠十多年后，上海城市扩大很快，上海的地理空间逐渐被分为华界和租界两个平行世界。1854年，数百名外国居民占据着650公顷土地，而上海老城内却挤着20多万人。建立在鲜花锦簇的花园中的欧式宽敞住宅，租界内规则有序的道路网，这些和中国城内拥挤的

---

① 内河航运的发展促进了轮船招商的资本角逐。1902年组建的招商内河轮船公司，拥有小轮7艘、拖船6条，先驶往苏州、杭州，后航线伸展至南浔、湖州、宜兴、溧阳、江阴，从苏州经无锡、常州至镇江，过长江抵扬州、清江，又从清江越宿迁至窑湾，溯淮河至正阳关，形成覆盖长江三角洲和苏北大部的内河航运网，轮船也从最初的7艘增加到1911年的近30艘，成为上海乃至全国规模最大的内河航运企业。

房屋及纵横交错的巷道形成了对比（白吉尔，2014：21）。尽管租界代表的是上海被侵略和瓜分的历史，但它们对上海的现代化起到了不可否认的作用。公共租界给上海带来了市场观念、资本运作、现代科技和企业管理等全新的发展模式，法租界则提供了市政管理、城市建设、宗教保护和公共利益等样本（白吉尔，2014：3）。这促使民国时期上海市政建设在晚清的基础上全面推进，跨入了曲折而又快速发展的时期。上海市政建设发生了整体性的改观，但受外部环境、内部结构大变动的影响，又呈现出明显的阶段性。从 1912 年至 1927 年，上海市政建设稳步发展。其特点是设施配套、设备升级和覆盖面扩大。市区公共交通网络开始正式营运。1912 年 8 月，英、法电车公司在两租界开始互通电车。仅隔一年，由华商电车公司经营的华界第一条有轨电车线路（小东门—高昌庙）也正式通车。出租车行业开始发展，而之前主要的代步工具——轿子慢慢淡出上海人的视野。①

除此之外，城市重要的建筑风景线之一也在此时形成了样貌。民国初年西区高标准住宅的兴建，已呈片状分布。到了黄金般的 30 年代，上海市区民居建筑地块得到开发，依据功能划分原则已向西区集中，范围主要是两租界西区。1930—1936 年，上海新建房屋类别年均比例为：中西式 49.8%，中式 46.1%，西式 4.1% 。而 1925—1936 年，年均拆除中式旧屋约 2158 幢。这种大拆大建，使地价增值，民居建筑景观为之一新。西区是整齐的花园洋房、高层公寓、新式里弄，室内装修标准是钢窗蜡地、煤卫齐全，有些配备车库，环境幽静，交通便利，如静安别墅（1929 年）、新康花园（1934 年）等。

1927 年上海去县建市，在这之后的 10 年里，新设工厂如雨后春笋般不断涌现，劳力需求也不断加强。农村剩余劳力大批进入工厂，转变为产业工人。据罗志如统计，从 1914 年到 1928 年的 15 年间，上海共开设工厂 1229 家，及至 30 年代发展更快，仅 1930 年开设的

① 1906 年工部局发出的轿子执照为 758 张，到 1928 年工部局发出的轿子执照仅为 3 张（上海市工务局，1937：8）。

工厂就有837家，工人总数达201265人，其中主要是移民（罗志如，1932：63）。荣家企业所属的工厂从1912年的2家增至1932年的21家，工人数也从1334人增至33416人，这些新设工厂的工人大都从江浙农村招工而来（上海社会科学院经济研究所，1980：111-112，281-283）。人口的迅速扩张，涉及最基本的民生，从而也为上海的消费造就了巨大的市场。时尚推动下的棉纺业、针织业、毛纺织业与丝绸业更是突飞猛进地发展。

多元异质人口大量集聚于上海，也是总体上提高上海人口素质，促使传统人向现代人不断转化的过程（忻平，2009：47）。城市改造人性，城市生活所特有的劳动分工和细密的职业划分，带来了全新的思维方法和新的习俗姿态，这些新的变化在不长的时间内就使人们产生了巨大变化。一种新的道德秩序渐趋形成，并促使早期文明中的某些惯例迅速瓦解（帕克，伯吉斯，麦肯齐，1987：265，277）。移民在上海这座城市中经过锻冶整合，产生了一代新人。大批移民来到上海后，巨大的社会压力和残酷的生存竞争促使他们改变了原来的价值观、生活方式与职业选择，经过学校、工厂、社会的熏陶与训练，由原先的“日出而作、日落而息”的农业人口变为大机器时代的工业人口或其他非农业的城市生产、服务人口，从而提高了自身的现代劳动技能、生存能力与竞争意识等现代人应具有的素养。

（二）近代上海与近代教育的形成

“历史是现在和过去的对话，是今天的社会和过去的社会的对话。”（克罗齐，1982：38）社会学家认为，在现代大规模的复杂社会中，没有任何一种个人属性能比他所受到的教育更能够一贯地、强有力地预言他的态度、价值和行为（英克尔斯，史密斯，1992：197）。与之前的工厂不同，学校是另一种系统。现代教育制度得到实施与普及，替代了传统家庭教育的地位，以一种整体的、系统的、正面的、积极的、强制的方式对学生进行社会化，从而塑造出成批具有现代人格与素质的人。

在传统社会，“绝大多数人从长辈那里学会一切可以谋生的手段，而他们的长辈也是经历过同样的一切——他们为一个已知的未来学习，长辈往往又出自同一家庭”（列维，1990：33）。这种内循环系统的经验传授成为教化的一个重要方式，也在很大程度上承担了传统社会中人的社会化功能塑造这一任务。

近代上海存在过近代中国最为发达的学校系统，其创办时间之早、创办主体之多元、学校级类之丰富、办学活动之多姿多彩，均甚为引人注目（施扣柱，2009：2）。在创办主体上，有英、美、法等国教会的传教士、世俗外籍人士和租界准行政机构，也有上海华人教育行政主管部门，更有包括同业公会、旅沪同乡社团等在内的大量华人民间力量。这种办学主体的多元，可能是近代中国教育史上最为奇特的现象，由此还造成了近代上海学校结构中以私立学校为主的格局（施扣柱，2007；施扣柱，2009：3）。

近代上海人员的频繁流动，促进了同乡会的建立和组织架构的形成。1830 年上海已建立了 21 家会馆，成为地缘性的商人社团组织。据不完全统计，至 1949 年上海有同乡会将近 200 个，加上会馆、公所，总数不会少于 250 个。全国各大区域在上海都有等级不同的同乡组织（宋钻友，2009：13）。旅居者进入新的地区，因方言不同，其子弟进入当地的学校后在学习上会有一定困难，为帮助同乡子弟解决这一问题，给贫寒同乡子弟提供学习机会，会馆、公所、同乡会都筹资设立了同乡义学或公学（宋钻友，2009：10）。以宁波旅沪同乡会所办学校为例，宁波旅沪同乡会所办公益学校具有规模大、种类全的特点，20 世纪 30 年代在校学生达 3000 余人，种类有小学、中学、职业学校。这些学校在保留乡土历史、家乡认同资源的同时，也在融入都市生活。

民国建立后，上海进一步兴办新学校，开始设立公立中小学，如敬业学堂、务本女中改为上海县立学校。私立学校的发展更快，并出现了在全国有较大影响的教育社团，如1917年蔡元培、黄炎培等发起成立了中华职业教育社，同时他们还创办了中华职业学校。1922年新学制的推行，有利于初等教育、中等教育和职业教育的发展。新学制的学校系统为初等教育六年，其中前四年为义务教育；中等教育六年，分初、高两级，各三年。五四运动以后，爱国知识分子开始反对教会教育，蔡元培抨击宗教，倡导非宗教教育。这时上海不少教会大学收回自办，如圣约翰大学等，一部分教会中学则由中国人任校长，如中西女中等。从抗日战争爆发到新中国成立前，外地人口大量迁入上海租界，为适应人口激增之需，各界人士在上海兴办大量私立中小学。当时不仅有公立、私立、教会学校，还出现了中国共产党直接领导的学校，如省吾、储能、华模、建承四所学校。这时还出现了以民众教育和补习学校为主的成人教育，影响较大的除了中华职业教育社开设的职业补习学校外，还有俞庆棠创办的上海民众实验学校等（许祖馨，于传璋，陈叔骐，2010：3）。

随着新学制的实施，尤其是近代工商业的兴办和资产阶级势力的壮大，新学堂得到大规模发展，呈现出多种类、多样化的学校教育结构。1895—1911年，除数量较多的中小学校外，20多所其他类型的学校也陆续创办。一是专业技术学校，如江南制造局附设的工艺学堂（内分机器、化学两科）、中等工业学堂、商业学堂、农业学堂等。二是实业学校，如甲种实业学校、豆米业初等商业学校、金业学校、学徒补习所等，还有普通学校附设的商业科、手工科、艺术科等。三是专门学校，如女医学校、日文学堂、女子蚕桑学校、体操学校、通鉴戏剧学校等。四是师范学校，如省立第二师范学校、竞仁女子师范学堂，还有师范传习所等。五是普通女校，如经正女学、务本女中和爱国女校等。六是高等学堂，如商部高等实业学堂、复旦公学、中国公学等。其他如宝山、嘉定等县，也办了师范学校和专门学校（汤才伯，1983）。

受社会氛围影响，传统的正宗国学在教育界已不再是热门，代之而起的是法律、商务、外语、会计、金融等涉外专业与谋财的学问，它们从边缘化的职业教育中走出，逐步登堂入室进入正规大学。当时上海一般的家长并不鼓励子女读文史哲等冷门，偏重文科的复旦公学并非上海学生的首选。有财力的小康人家会送子女去读东吴大学、圣约翰大学、南洋公学，甚至一度被视为非正统的立信会计学校也人满为患。上海社会的商业氛围、开放性铸就了职业导向，也使得上海的教育格局发生异化（忻平，2009：387）。

到 1927 年前后，上海教育形成了多元的教育结构体系，从最初包括初等学堂、蒙养院、高等专门女中等学堂，发展到涵盖学前教育、特殊教育、普通中小学教育、职业教育、专门学校、高等教育和成人教育等。一大批著名学校不断涌现，如中学有浦东中学、私立澄衷中学、民立中学、私立南洋模范中小学、工部局立育才公学、工部局格致中学等。同时，上海教育也形成了多层次的办学格局。从办学主体来看，有政府，有私人，有政府与私人结合、以私人为主，有教会，有工部局，有著名教育家，还有中国共产党。从办学形式看，有普通教育与职业教育相结合，如浦东中学设分科教育或附设职业班；有正规学校与社会办学结合，如大量出现的补习学校。从学制看，有一年，有半年，有三个月等。从学习时间看，有日班、晚班、晨班、星期日班等。此时的上海教育更涌现出了多样化的学科内容，引进了新式课程、赫尔巴特的分段教学和班级授课制等，打破了传统教育以经史等人文社会知识为单一的学习内容的格局，增加了“西文”和“西艺”。在课程结构中，有工具类课程、知识类课程、文体技能类课程。工具类课程从以传统的经史学为主，调整为国文、数学、外语三者并重；知识类课程是指具有普遍性和现实价值的学科知识，即通常讲的“西艺”；文体技能类课程着重于学生健康体魄、艺术修养和基本生活劳动技能的锻炼与培养，对学生的心智与情感、心理与身体、动脑与动手起平衡调节作用（许祖馨，于传璋，陈叔骐，2010：4）。

二、近代城市和教育的发展为女性带来的空间

（一）城市女性公共空间的拓展

1. 女性高度参与的现代都市

“1931 年的上海，是一个血色鲜活的少年，每天都在长大，每天都更接近梦想，让所有看到他的人都说，他的前途未可限量。三十年代，对上海来说，好像是一个女孩跟着她有十二条缎子被、金色糖缸用红丝带系着的全部嫁妆，在阳光灿烂的黄道吉日到婆家去的时刻，又风光，又充满了希望，一派蒸蒸日上。我们其实并不知道真正的三十年代的上海是怎么回事，它是一颗阳光下的钻石，每一面都散发着不同的光华，被不同角度的眼睛看到。”（陈丹燕，2008：12）

20 世纪 30 年代的上海已经是一个可以与国外大都市比肩的现代城市。她是中国最大的港口和通商口岸，新与旧、中与西杂处在这个曾经的渔村中。1933 年，上海城市人口约为 313 万人，其中外国人为 7 万人左右，住在租界的中国人有近 150 万人（李欧梵，2001：9）。其中女性人口约为 130 万人，约占 42%。与 20 世纪初期相比，女性人口呈持续上升趋势。1949 年年末，上海女性人口为 228 万人，占总人口的 45%。女性人口在上海的增长是随着对外航运的骤增发生的。1929—1936 年，上海女性人口迁移活动频繁，其间迁入女性人口为 126.4 万人，迁出女性人口为 85.0 万人，净迁入人口为 41.4 万人。1932 年的净迁入女性人口最多，达 11.9 万余人。与男性相同，迁入上海的女性地域来源以江浙为主，约占四分之三。广东是传统的对外贸易基地，外商洋行纷纷到上海设号营业，大量广东籍的买办和商人携带家属亲友定居上海（《上海妇女志》编纂委员会，2000：68-70，88）。

在大量的通商贸易中，现代都市生活的绝大多数设施在 19 世纪中叶开始传入上海租界，银行、西式街道、煤气灯、电话、自来水、

汽车、电车等工业文明产物的出现，使上海原本遵循的中国社会传统的生活方式发生了变化，从分散的小农经济下的生活方式向近代工商业生活方式转变，主要标志是“市场化、社会化、大众化的‘公共生活领域’的逐步生长形成”（李长莉，2008：7）。城市居民的生活日用从手工自给趋于市场化供应，交通通信从依靠自然力走向初步机械化，服饰由自制和等级化转变为多元化与自由化，休闲空间由家庭拓展到公共化和商业化的空间。现代商业城市的新结构，使城市的经济生态、政治生态和文化生态发生了变化，工商阶层扩大，精英和知识阶层集聚，同时，女性大量进入了社会空间。

2. 女性文化空间的出现

现代文明也带来了女性文化空间的显著改变。1898 年，中国第一份妇女报纸《女学报》在上海诞生，自此，上海出版的妇女报刊勃兴，辛亥革命前后达 26 种。但这些报刊囿于政见和经济因素，大多只是昙花一现，仅发行寥寥数期，发行量也很小，读者以上层知识女性为主。这一时期的妇女报刊大多数是改良派或政治上倾向于改良派的群体所办，宣传女学和女权。1919—1927 年，即从五四运动到第一次国内革命战争期间，上海又发行了妇女报刊 31 种。这些报刊分成两个阵营，《妇女杂志》《新妇女》等大力宣传妇女解放、社交自由、男女同校、职业开女禁等思想，而保守派则制造贤妻良母主义的舆论，双方展开了论战。1927 年以后，国民政府推行“新生活运动”，保留下来的妇女刊物在形势所迫之下以谈论风花雪月、柴米油盐为主，不再多触及带有政治色彩的女性话题。抗日战争爆发之后，妇女报刊再次兴起，呼吁女性加入抗日救亡的运动。“孤岛时期”的妇女报刊又退回到娱乐和儿女情长，以家庭类杂志为主，这一态势持续到 1949 年上海解放之前。1933 年，中西电台开辟“家庭教育讲座”后，电台广播的妇女节目陆续推出，其内容的演进也经历了与报刊同样的过程。

近代上海女性的文化空间是不断扩大和下移的。从少数先觉女性的读物到大众杂志和电台节目的出现，在短短的二三十年间改变了广大女性获取信息的方式，也为女性提供了倾诉的工具，为女性话题提供了传播的途径。

更重要的是，随着大众传媒的发展，女性形象成为上海都市化进程中令人瞩目的中心，画报女郎代表了新的公众话语和人们对现代生活的想象，她们中的真实人物尤其是知名人物更是具有巨大的社会文化影响力。这从另一个方面说明，女性正在成为现代中国社会和文化的重要力量。如果从 20 世纪女性社会性别的演化来看，女性在现代都市中获得的日益扩大的空间，以及由女性解放运动和消费活动在日积月累中共同促成的强大社会影响，使大众文化越来越不能忽视女性，越来越注重吸引女性的参与。

(二) 女性教育的兴起

在中国传统社会中，虽然有少数女性从事着纺织、刺绣、缝纫等家庭手工业劳动，但整体来说，女性没有独立的经济自主权。所谓“嫁汉嫁汉，穿衣吃饭”，“子妇无私货，无私畜，无私器，不敢私假，不敢私与”（《礼记·内则》），“少则待食于其父，长则待食于其夫，老则待食于其子”等都是女性经济不独立、不自主的具体表现。事实上，女性只有在经济上摆脱对男性的依附，和男性一样拥有生产资料的所有权，参加社会性生产劳动，才有可能真正取得和男性同等的地位，才有可能真正获得自由和自身的解放。正因为如此，在维新变法之前，虽然人们倡导兴办女学主要是为了培养更多真正意义上的贤妻良母以达到“保国”“保种”的目的，但鉴于西方国家女子学堂与男子学堂并重的客观现实，他们在号召仿照西方国家兴女学时，自然也提出要学习西方国家设立职业性质的女子学堂（谢长法，2010）。

而女性教育在开放女禁之前还是存在于一个相对封闭的内循环系统中，相对于男性主导主流话语，女性教育基本属于内闱的经验教化和私相传授。一个隔绝于外部世界的老人或闺蜜的经验远不足以适应发生剧烈变革的现代社会，而以传授现代知识、技能、价值观为主的现代教育制度的出现与普及，导致家庭教育在个体社会化过程中的地位迅速衰微。

19世纪中期之后，上海女性教育经历了以教会办学为先导的发轫期，中学、大学广开女禁的发展期和广设女子职业学校的多样化发展期三个发展阶段。近百年里，上海女性教育水平不断提高，女学生人数不断增加，教育受益人群由富裕人家向城市平民扩展，女性教育专业设置不断细化。随着女性文化程度的提高，上海社会风气也因之获得改良。大批接受新式教育的女学生在获得社会尊重与认可的同时，也进入了社会上的不同岗位，为上海的城市发展贡献了自己的力量，并将男女平等、女性独立等现代观念散播于都市之中。

男女之间的统治关系存在于全部社会空间及其次空间中，也就是说不仅存在于家庭中，同样也存在于学校教育空间和劳动世界中，存在于官场和传媒场中（布尔迪厄，2002：141）。上海开埠前，“男尊女卑”“女子无才便是德”等守旧思想盛行，受教育被视为男性独享的特权。1843年上海开埠后，传教士们开始兴办女学。1850年4月15日，美国公理会传教士裨治文夫人格兰德女士（E. Gilette）率先在上海西门白云观（今方斜路）创办裨文女塾。这是上海第一所女子学校。次年，美国传教士琼斯女士（E. Jones）在虹口创办文纪女塾。1878年8月，传教士林乐知等办的《万国公报》发表《中国女学》一文，介绍英、美、德等国女学堂的发展情况，并指出中国因不设女学，故女性为人所轻。这些早期教会女子学校多以免费入学、义务救济为招生亮点，学校教学内容与社会生活联系密切，在传授给学生知识的同时，还注意锻炼学生的体魄。许多家境贫寒的女性在教会女子学校培养下，不仅获得了一定的谋生技能，也养成了较为完善的人格（赵欣，2010）。

到1949年5月，上海由外国教会创办的女子中小学有十余所，其中大部分创办于1912年以前。外国教会兴办女子学校是为了在女性中传播宗教信仰和培养接受西方文明的“淑女”。学校基本没有入学门槛，管理也比较严格，将入学的女生拘于校内，学生所能接触到的不外乎家人和校内的教职员工，几无接触社会的机会。学校的课程包括基础文化知识、教义和缝纫等生活技能，为了得到当局的认可，也开设中国传统的女德修身等课程。早期的教会女子学校并不完全具备现代学校的特征，但确实给女性创造了接触先进科学文化知识的条件，成为近代女性教育的先声。

鉴于中西习俗的不同，1904 年 1 月清政府在全国颁布实施“癸卯学制”，其中规定女子没有接受学校教育的权利。因为，在封建统治者看来，女子接受学校教育无疑会破坏中国女子固有的“三从四德”等思想，从而对中国传统的婚姻形式、男女关系、家庭伦理乃至择偶标准等造成极大的冲击，而所有这些无疑又有碍封建伦理下社会秩序的稳定。故，《学务纲要》中如此言道：“中国此时情形，若设女学，其间流弊甚多，断不相宜”，且女子“不宜多读西书，误学外国习俗，致开自行择配之渐，长蔑视父母、夫婿之风。故女子只可于家庭教之，或受母教，或受保姆之教，令其能识应用之文字，通解家庭应用之书算、物理，及妇职应尽之道，女工应为之事，是以持家、教子而已”。

外国教会首先在上海创办了女子学校，这给当时的开明知识分子以极大的思想冲击。光绪十八年（1892 年），郑观应写《女教》一文，批评历来“朝野上下间，拘于‘无才便是德’之俗谚，女子独不就学”，介绍了西方国家女学与男学并重的情况，并指出中国应广筹经费，增设女塾，使女性“童而习之”，“不致虚糜坐食”。

光绪二十三年（1897 年），知识女性李闰①、黄谨娱②等人为了讨论妇女教育、妇女权利等问题，在上海倡办中国女学会。该会成立后，就为谋求妇女自身的解放展开活动：在维新派梁启超、郑观应以及经元善等人的帮助和官方的支持下，创办了中国女学堂（校牌名

① 李闰是谭嗣同的妻子，百日维新失败后，谭被捕遇难，李闰自杀身亡。

② 黄谨娱是康广仁的妻子。

为女学会书塾)，校内所有教职员工全由妇女担任。梁启超在为中国女学堂起草的《倡设女学堂启》中指出，妇女受教育“上可相夫，下可教子，近可宜家，远可善种”，“夫男女平权，美国斯甚。女学布濩，日本以强。兴国智民，靡不始此”，即要提升民族素质，必须举办女性教育。他还用“生利分利说”论证妇女教育的重要性，在《论女学》一文中表达了自己的担忧：“居今日之中国，而与人言妇学，闻者必曰天下之事其更急于是者，不知凡几……然吾推极天下积弱之本，则必自妇人不学始……”在梁启超看来，“西方全盛之国，莫美若；东方新兴之国，莫日本若。男女平权之论，美日两国的发展证明，只有推行女子教育，国家方能富强；大倡于美，而渐行于日本”，反之，“女学衰，母教失，无业众，智民少”。

1898 年 5 月 31 日，经正女学（后更名为中国女学堂）开学。与教会女子学校不同的是，经正女学设置了入学门槛：8—11 岁略识字的女子，12—15 岁略识文法并能阅读简单书信的女子，方能入学。

经正女学的创办使得开明知识分子看到了创建女校的希望。其后几年，上海华人女校逐渐增多：1902 年，开明绅士吴馨（吴怀疚）在上海西门生生里创办务本女塾；1902 年冬，蔡元培、林獬、陈范等在上海白克路登贤里创办爱国女学；1903 年，杨士照在小南门创办城东女学社（分初等、高等两部）；1903 年，陈婉衍女士在大南门外复善街发起创办倡导民族主义的宗孟女学堂。1906 年可被视为上海华人女学成立之“大年”，这一年里相继有民立女中学堂、三育女学堂、祝群女校、萃秀女学堂、辅强女学堂、南州女校、润鸿女学堂等八所女子学校成立，其中还包括一所女子师范学堂。

1904 年，华人史家修等捐资于斜桥南桂墅里创办上海女子蚕业学堂。这是上海第一所女子职业学校。同年，士绅姚义门设立上海速成女工师范传习所，将西方的缝纫机械引入课堂。次年，李钟珏创办上海女子中西医学院，希望通过培养女性医护人员来帮助因恪守妇德而无法出门求医的女性。此外，1843—1911 年，部分上海女性还获得了赴海外留学的机会。除美国、英国等留学首选地之外，日本由于地理位置离上海较近，也成为当时女子留学地之选。

据统计，至1904年，全国女学堂已达16所，女生数为216人。“新政”初期国人创办的女学堂可分为两类：一类是那些初步接受西方思想的地方有识之士（包括一些思想较为解放的家庭妇女）创办的，他们认为，兴女学可以提高妇女的社会地位；另一类则是一些相对比较开明的官方督抚创办的，他们从宜家、善种、保国的目的出发，希望通过女学的兴办培养出更多的可以相夫教子的贤妻良母。虽然人们兴办女学的目的各异，但女学的兴办对改良社会风气、提高妇女地位产生了积极的影响。

1907年《学部奏定女子师范学堂章程》立学总义第一节写道：

> 女子师范学堂，以养成女子小学堂教习，并讲习保育幼儿方法，期于裨助家计，有益家庭教育为宗旨。

基于同样的见识，近代早期女性教育的内容几无创新之处，总以女则女德为要。《学部奏定女子师范学堂章程》教育总要第一则云：

> 中国女德，历代崇重，凡为女为妇为母之道，征诸经典史册，先儒著述，历历可据。今教女子师范生，首宜注重于此。务时勉以贞静顺良慈淑端俭诸美德，总期不背中国向来之礼教与懿嫩之风俗。其一切放纵自由之僻说，（原注：如不谨男女之辨，及自行择配或为政治上之集会演说等事。）务须严切屏除，以维风化。（原注：中国男子间有视女子太卑贱或待之失平允者，此亦一弊风，但须与男子教育中注意矫正改良之，至于女子之对父母夫婿，总以服从为主。）

陈东原对这一时期女性教育的评价是：维新其表，守旧其实（陈东原，2015：266）。维新派所设计的女性教育，终极目标还是为男性社会的良性运转造就贤妻良母。他们的确希冀女性借由教育获得与变革了的社会相适应的身份和技能，客观上也确实带来了女性自我意识的释放和觉醒，但女性对自我的认识和发展不过是“新式教育”的副产品——甚至在主导者看来是副作用。

1919 年，有人主张：“必先使妇女的生活能够独立；要使妇女生活独立，必使妇女先有职业技能；要有职业技能，非受过教育不可。”（王光祈，1919）女学就是在这样的社会背景下，如火如荼地兴起了。

1911 年辛亥革命之后，上海的女子学校已经度过了初创期的摸索阶段，在规范性上逐步加强。在学制改革方面率先实践的依然是教会女子学校。19 世纪 80 年代，已有部分教会女校增设中学部，如上海中西女塾发展为中西女中，学制设为十年。圣玛利亚女校于 1900 年将修业年限定为八年。第一届八年制女生修习年限期满后，圣玛利亚女校又设立了师范科。七年后，该校正式将学制固定为小学八年、中学四年，学校发展目标明确。部分教会女子学校还形成了自己的校园文化。随着女子学校学制的逐步完善，上海的华人大学与教会大学相继向女学生放开了入学限制。华人大学中，1912 年创办的大同学院在办学四年后率先接纳女学生入校读书，开上海华人大学招女学生之先河；1922 年创办的上海大学在创建之初便欢迎女学生报考；1924 年，大夏大学甫一创建便招收女学生；1927 年复旦大学开女禁。1928 年，八名女学生入交通大学学习，第一批是来自苏州和金华的女学生，后来又迎来一位汕头女学生，该校女学生人数已占到全校学生总数的三分之一，社会科、教育科、商科会计以及幼儿师范专业成为该校女学生的首选。

在上海女性教育的发展期，平民女校也逐步创建。1921 年，李达租下辅德里 632 号（今成都北路 42—44 号）作为校址，开办平民女校。该校分为高级班、初级班和工作部，陈望道、邵力子、沈雁冰、陈独秀等人出任学校各科教员。学校还特设讲演课，邀请刘少奇、张太雷、邓中夏等为学生开设专题讲座，帮助她们提高阶级觉悟、扩大知识面。与此同时，女校也注重引导女学生学以致用，走向社会。

1927年，上海被南京临时政府立为华东地区特别市，进入多样化发展阶段。短短十年间，上海女性教育在女性高等教育、社会教育等方面取得了长足进步。

1929—1930年，全国各省市小学女学生人数统计结果显示：上海初级小学中有女学生26471人，占初级小学学生总数的27.93%，上海高级小学中有女学生4774人，占高级小学学生总数的29.01%。在全国各省市中学兼收女学生的学校数方面，上海以23所初中、22所高中同时兼收女学生而位居全国第四位；从女学生人数看，上海有初中女学生5436人，仅次于江苏、四川两地，高中女学生人数达到1498人，位居全国之首。上海高级师范学校吸纳女学生达1192人，位居全国第三。

上海女性教育还出现了集女性社会教育、职业教育与生计发展为一体的教育构想。一所由民间捐资成立的“实施妇女教育的中心机关”——上海妇女教育馆在20世纪30年代中期由周振韶创设。该馆类似于女子教育俱乐部，创办人自任馆长，聘用兼任干事五人，分管各部工作。上海妇女教育馆虽仅存在两年（1935—1936年），却在有限的时间里，为上海女性教育做出了多方面的尝试。该馆在成立的第一年里，已办事业有18项之多，其中既有帮助女性提高文化水平的妇女图书馆、妇女识字学校、妇女读书会，也有与女性职业教育衔接紧密的妇女职业指导所、妇女工艺传习所。此外，该馆还依据女性年龄的不同，开设了少女会、主妇会等分支机构，为女性开设切合年龄需要的演讲，组织展览会、参观活动，举行体育比赛，甚至还组织了赴无锡、杭州等地的旅行团。在待办事项中，周振韶与同事们更列举出20件实事，如调动女性参与热情的演讲比赛、踢毽子比赛、手工作品展览、书画展览，强化女性性别特点、为女性服务的妇女浴室、妇女商店、妇女工厂、妇女体育馆，乃至妇女博物馆、妇女美术馆等。从某种意义上说，上海妇女教育馆的出现为20世纪30年代的上海女性教育勾勒了一幅美好广阔的前景。可以肯定的是，上海妇女教育馆给上海女性带来了丰富的业余生活。

（三）多元化的女性职业

20世纪20年代，传统的“男外女内”的就业观念有所突破。许多人认为，妇女解放的根本在于经济独立，所以解决“妇女职业问题，要算是妇女问题的中心问题”。“女子若有了独立性的职业便有了独立的经济。经济既能独立，虽不说社交公开，自然会社交公开，虽不说婚姻自由，自然会婚姻自由。”（陈问涛，1921）民国初年，城市女子就业多集中在工厂企业，除了教会医院、学校有一些女职员外，其他行业均没有女职员。1916年年底，北京的中国银行鉴于“女子心思细密”“女子俸给可低于男子”，而且女子不像男子有“派别关系”“不致见异思迁”，因此最先在银行中使用女子司账，一时被称为“银行界之破天荒，妇女界之新事业”。（剑泪，1916）1918年4月，上海曹某的理发店首次雇用了二三十名女理发师（芦迁，1918）。进入20年代，一些大城市的医疗、银行、商业、文艺、电信等部门，均有女职员出现。妇女职业范围的扩大，标志着社会思想的进步和人们价值观念的变化。

当时的职业教育与女性教育的研究者认为，女性所涉猎的职业包括六大门类数十个类型（杨鄂联，1930）。

家庭方面：装饰师、下宿业、佣妇、侍者、料理人、洗濯妇、保姆；

农业方面：记账、家畜饲养、花卉栽培、果实栽培、农作、造园业、家禽饲养、器械耕工、养蚕；

商业及事务方面：特殊广告、招待顾客、店员、说明者、买卖商、记账、保险代理人、帽子贩卖、电报电话、不动产管理人、会计、统计、速记、打字、书记；

工业方面：美术设计家、制本工、陶工、刺绣工、洋服工、雕刻工、化妆品制造工、帽子制造工、涂工和陶器画工、校正工、织物工、金银细工；

专门的职业：律师、摄影师、建筑设计家、著述家、齿科医、女优、教师、图书馆员、药剂师、传道师、音乐家、眼镜检审师、书家、新闻记者、雕刻家、教育者、译者、产婆；

特殊职业：管理炊事、手足病医、官厅雇员、交通机关经营、结发师、美爪术师、按摩师、旅行引导、社会事业、旅馆饭店经营。

这一分类不可谓不全面，几乎像是一份女性职业的花名册，虽然分类的标准和归类的科学性有待商榷，但十分直观地展示了当时女性职业的几个特点。

首先，女性可从事的职业范围空前拓展。上海开埠以后，迅速商业化的城市为妇女提供了更多的就业机会，上海出现了全国最早的职业妇女群体。但就职业女性做整体考察，仍以从事体力劳动的产业女工为主，且主要是廉价劳动力。20 世纪初，上海纺织、丝绸、卷烟、火柴等早期产业的工人中女工占半数以上，其中 90%以上的女性是文盲。同时，一些受教育程度较高的女性开始从事非传统体力劳动职业，包括女店员、女招待、女话务员、女邮政员等，政府机关也吸纳了一部分女性职员。

其次，女性开始进入专业化比较强的职业，主要是教师和医护。上海早期的女教育工作者，出现于 19 世纪末、20 世纪初。五四运动以后，女教师不再限于在女子学校任教，许多男女同校的中小学和大专院校也纷纷聘用女教师，这就使女性教育工作者的队伍不断扩大。鸦片战争结束以后，外国教会创办的各类学校、医院为当时受过近代教育的妇女提供了新的就业机会，在 19 世纪 40 年代至 50 年代出现了第一批女医护人员。此后，随着国人所办医院的增多，这一队伍逐渐扩大。她们中的一些先行者，是抱着发展民族医学卫生事业的目的走上工作岗位的。但限于历史条件，当时女医生占卫生工作者总数的比重不高，女性主要还是从事护士工作（《上海妇女志》编纂委员会，2000：382-383）。此外，女记者、女编辑、女画家、女作家、女律师等群体也开始形成并广受关注。

最后，女性自主创业开始出现。普通女性主要以饮食店等夫妻老婆店形式创业，女摊贩也占相当大的比例。如福州路736号的万鑫斋点心店创建于20世纪30年代，由毛华文、尹翠兰夫妻共同经营，售卖徽帮风味汤团、馄饨等。1945年，在先施公司乐园部设摊的139人中有58位女性（《上海妇女志》编纂委员会，2000：343）。一些妇女解放运动中的先进女性集资兴办女子工商业，如赵友兰等人创办的女子工业社、毕肖楼女子照相馆、女子商品物产部、女子香烟公司等。

三、社会性别在学校和职场中的含义

（一）近代社会对女性社会性别的认知

社会性别（gender）与生理性别（sex）在研究中经常互换，实际上两者的概念是有差异的。《女性研究百科全书》将社会性别定义为一种文化建构，是男女在角色、行为、脑力和情感方面的区别，是通过社会发展而形成的。而生理性别是两性所包含的生物和生理形式的差别，只应用在直接由男女生物差异所引发的特征和行为关系中（高彦颐，2005：5）。本研究主要关注的是女性的社会性别。近代对女性社会性别的认知首先是由男性精英知识分子发起的，女性作为社会角色在近代被不断地赋权、诠释和建构。对于女性的社会性别和社会角色的不同观点，直接导致了女性教育和职业生涯的各种变化，并显示了社会和历史变化的本质。此前的各种研究已经表明，社会性别不是与生俱来的，它是在社会生活的各个场域、在两性的互动之中、在社会的变迁之中逐渐形塑而成的，学校是建构社会性别的重要场所之一。

1. 从“分利者”到“国民之母”和“女国民”

1897年，梁启超在《变法通议》“兴论女学”章中大论女性分利之害：

> ……中国即以男子而论，分利之人，将及生利之半……况女子二万万全属分利，而无一生利者。惟其不能自养而待养于他人也，故男子以犬马奴隶畜之，于是妇人极苦；惟妇人待养，而男子不能不养之也，故终岁勤动之所入，不足以赡其妻孥，于是男子亦极苦。……故曰国何以强？民富斯国强矣。民何以富？使人人足以自养而不必以一人养数人，斯民富矣。（陈东原，2015：247）

梁启超的观点现在看来是有明显偏差的。当时众多的农业、手工业中的劳动女性实际上创造了不可忽视的经济价值，同时妇女持家的贡献也是显而易见的。将女性一概视为“分利者”，虽然是兴女学和女权的立论基础，实际上是对女性的偏见和对女性价值的漠视。

进入20世纪，随着新知识阶层的出现和西方政治学说的输入与传播，人们的国家意识更加明确和系统，同时出现的是人们的国民意识。在戊戌思潮的启蒙下，一些开明人士主张“天下兴亡，匹夫有责，匹妇亦有责焉”。1903年，金天翮在《女界钟》一文中首次提出了“国民之母”的概念。这一思想仍然是源于康、梁“欲铸造国民，必先铸造国民母始”，更多地强调女性作为母亲这一角色的义务，而并不关注女性本身的权利。女性是作为救国救民的工具出现，而不是解放和救赎的对象。

1905年《女子世界》的一篇文章论述了发展女性体育的重要性，其中指出，加强女性体育“不特养成今日有数之女国民，且以养成将来无数之男国民”（初我，1905）。虽然该观点仍基于女性的养育使命，但提出了“女国民”这一同时带有权利和义务含义的概念。同样是在《女界钟》中，金天翮宣扬了女性应得的六种权利：入学、交友、从事工农业、掌握财产、出入自由、婚姻自主，又特别提出了女性参政权。但从辛亥革命直至民国期间的史实看，女性的各项权利停留在宣传和纸面上的多，实实在在实现的少。女性的国民身份以及由此衍生的权利，终究成了政治范畴的概念和装点改革的口号。

20世纪初，以翻译文本对“新女性”进行塑造和引导乃是促进女性形象转变的诸种方式之一。在翻译过程中，那些轮廓清晰的文化偶像，作为“新女性”的精神引导，在文本中首先实现了对女性转变为“国民”的改造。然而，这些存在于文本中的“新女性”，仍然只是男性视角的投射物之一，从女性主义的角度来看，胡缨《翻译的传说——中国新女性的形成（1898—1918）》一书中所呈现的与其说是新女性的形成，不如说是女性形象陷入更加困惑迷茫之境的另一个开始。作者在写作时，无论是在《茶花女》《孽海花》《东欧女豪杰》《黄绣球》这条线索上，还是在使用玛格丽特—傅彩云—华明卿—黄绣球这条副线时，始终都在指出“教育”才是“新女性”的必要促成物。这个教育并非培养旧式才女的琴棋书画，而是传授符合新时代需要的知识，小到衣食簿记等日常技能，大到洋文、医学等权威学问，只有用新学启蒙，才能促使旧式女性觉醒，放开象征“蚩蚩然、块块然、戢戢然”的小脚，成为堪与男子比肩，甚至可以获得世界尊荣的英雄（向磊，2014）。“新女性”开始大规模地从文本进入现实，那又是另一种历史了。

2. “新女性”和“贤妻良母”的整合

戊戌时期，维新派心目中理想的“国民之母”的形象正如梁启超在《倡设女学堂启》中提出的“上可相夫，下可教子，近可宜家，远可善种”，简而言之，就是负有富国强民使命的贤妻良母。这种从日本传来的新概念，与维新派的想法一拍即合。与传统的恪守“三从四德”的“贤妻良母”相比，维新派的诠释有明显的不同：一是要求女性从为家庭奉献变为为社会承担义务；二是要求女性要有相夫教子的能力。但这一诠释仍然没有跳出女性的从属角色，只不过是男尊女卑的新形式。与“女国民”相比，“贤妻良母”的接受度更高，无论是当时的社会改良者还是普通百姓，包括女性自身，都更容易认同这一说法。

民国成立后，人们的国家意识和国民意识进一步加强，尤其是经过五四运动的洗礼，对独立人格的追求日渐强烈，“女国民”的形象变得生动具体，大学开放了女禁，政府机构出现了女职员和女议员，女性在职场上的参与度前所未有的高。然而在20世纪二三十年代，“女国民”的观念逐渐淡化，“新妇女”和“新女性”成为当时最时髦的说法。1926年中国妇女问题研究会在北京创办《新女性》杂志，“新女性”的提法逐渐流行起来。它特指具有新的社会风貌的女性人群，她们有思想、有追求，具有谋生的一技之长，衣食住行无不时尚，与传统家庭妇女泾渭分明。“新女性”并无确定的含义，人们根据自己的需要使用这一概念，在20年代的文学和艺术作品中，“新女性”的形象频繁出现。丁玲笔下的莎菲女士，茅盾小说中的章静、梅女士等女性，都是著名的“新女性”文学符号。而在男性控制的大众媒体中，“新女性”逐渐变为男性对女性的消费性想象，男性更多地强调女性在服饰、外表和生活方式上的新式，甚至将娼妓作为“新女性”形象的一种。

由上海民立女子中学学生自治会创办的《新女性》杂志在其创刊号中宣布了“新女性”超越性别特征的定义，即“思想学识、刻苦奋进，使家庭社会国家，胥因之而新”的气质。这一定义将“新女性”与新时代关联，赋予女性关心民族存亡并投身民族进步的使命（童行白，1935）。如果说民立女子中学对“新女性”的期望是将女性作为救国工具，那么《妇人画报》主编郭建英的说法则更为通俗，更为着眼于女性本身的发展。她提出，现代“美”的标准是“女子内心美和外部美综合的结晶，它须根基于个人广博的学识、丰富的情感和显明而健全的性格”（郭建英，1934）。

1929—1931年，陆续颁布的新《民法》展示了对女性权益的关怀，在女性就业方面开放各机关的女禁，在救济方面推动了废娼政策与娼妓救济制度，这使一些社会贤达乐观地认为，中国女性解放的使命已经达成，妇女已经拥有了与男子同等的地位。

事实上，以新《民法》为根基的妇女及女权新政，不外乎是“贤妻良母”主义的新演绎。当时的国民政府赋予女性与男性相同的法律权益的根本目的是缓和五四运动及北伐以来妇女运动的激进诉求，压制正在兴起的中国共产党领导的妇女解放运动。这使得妇女平权的受益者只不过是少数的上层知识女性，大多数的妇女仍困于旧式女德和旧式家庭之中。国民政府版的“新女性”仍然是家庭的中心，在政府所推行的新生活运动中负有重要的使命，妇女的教育和训练是以培养慈爱博大的母性为目标的，要女子做好“修身齐家”的本分，其内在逻辑是：为了复兴民族，须改造社会；改造社会的第一步是改造家庭；妇女是改造家庭的中心；其根本的任务是培养并发挥贤良的美德（邓小南，王政，游鉴明，2011：345-350）。国民政府“新女性”的精髓是礼赞母性，亦即具体化了的、符合时政要求的贤妻良母。

20 世纪 30 年代对于妇女出走或回家的争论也就由此而生了。但必须指出的是，即使是最激进的女权主义者，也不会否认女性的家庭义务与为妻为母的责任，而在谈到这一问题时，也无法以贤良之外的概念定义女性的家庭角色。同时，在女性的家庭义务与社会责任/权利发生冲突时，官方舆论往往倾向于期许女性以家庭为重。随着上海的都市化和近代化，家庭本身也已经成为公共领域和公共话题的一部分，其中交织着社会生活的方方面面。国民政府在构建“贤妻良母”和“新女性”的形象时，的确赋予了其新的内涵，即将妇女在家庭中的私德扩大到对社会责任的公德，将贤良上升到高于小家庭的美德层面，进而客观上强化了妇女的社会参与和社会地位。

3. 对“摩登女郎”和“花瓶”的恐慌与指责

茅盾在《子夜》开篇写了一个看似荒诞的插曲：乡下来的吴老太爷被坐在洋车上衣着暴露的女人和儿子家里的一群女人所惊吓，就此一命呜呼。这个戏剧性的情节中的主角正是 20 世纪二三十年代舆论的“公敌”——“摩登女郎”。

20 世纪 30 年代，上海已经与世界最先进的都市同步了（李欧梵，2001：7）。百货店、咖啡馆、舞厅、公园等新型公共空间的出现，使上海迅速变成一个商业气息和消费气息浓厚的城市。“摩登”一般被认为是“modern”的音译，代指消费文化下追逐时尚的新潮风气，其中最主要的表现方式是女性的物化与娱乐化（罗苏文，1996：436）。摩登潮流席卷了上自大学女生，下至舞女娼妓等女性，是报纸杂志津津乐道的话题，也是忧心社会风气的人士批判的对象。女作家陈学昭痛心地指出，五四运动以来女性教育为中国社会塑造的，大多是“会写写诗文，说几句外国话，会上跳舞场”的“摩登女郎”，是男子的装饰品和不事生产的纯粹消费者（陈学昭，1932：18-19）。在国家陷于内忧外患的30年代，对“摩登女郎”的批评主要是无益于社会、反贤妻良母本质、国难当头却不知觉醒以及不爱用国货四项（邓小南，王政，游鉴明，2011：353）。在被定为“妇女国货年”的1934年，对“摩登女郎”的批评达到了顶峰。李欧梵在《上海摩登》中开列了一份“摩登女子最低的费用”，包括皮鞋、丝袜、内衣、夹袍、手套、化妆品、皮包、烫发等，共计银圆五十二元零五分，其中有颇多非舶来品不可充任的物资（李欧梵，2001：34）。在作家们的笔下，“摩登女郎”时髦、奔放、美艳，是这个城市最扎眼、最有诱惑力的风景。对“摩登女郎”的声讨延续至1930年之后的整个民国时期，也可见“摩登女郎”并不为之所动。

问题在于，“摩登女郎”使用国货是否就能挽救20世纪三四十年代民族工业的颓势？“摩登女郎”身负重罪与重任的处境，无非是在内忧外患的时局下，通过对女性的指责和贬斥来释放社会焦虑的另一种形式。以政府为主导的“反摩登女郎”声浪，变成了社会各界动机立场各异的合唱，更加凸显了政府倡导的新贤妻良母的妇女形象。但是，无论如何“围攻”“摩登女郎”，仍无法完全改变当时中国妇女的困境，无法摆脱外来资本对中国民族工业的压制，无法改变中国社会中的失业、贫困和混乱。当时不少报刊也试图重塑摩登的形象，提倡真正具有现代意义和进步意义的摩登，但在没有实现根本意义上的妇女解放的时代，这只是一种思潮和呼吁。无论是“反摩登女郎”还是对“摩登女郎”的再造，客观上只不过是使贤妻良母的女性形象被更为广泛地接受。

戊戌变法以来，社会精英和上层知识分子大力提倡女性教育、就业和经济独立，同时反对女子就业的声音也从来没有停止。有论者认为妇女就业不过是赶一场女权主义的时髦，也有人指责女性入职无非是为钓“金龟婿”或满足自己的高消费欲望。20世纪20年代末期，南京的政府机关开始出现了以“花瓶”代指女职员的说法，认为女职员没有工作能力，如同花瓶一样是摆设。事实上，各大公司招募女职员也的确是为了消费女职员的女性特质，如永安公司招聘的“康克令皇后”、新新公司的“水仙花皇后”等。与“反摩登女郎”的主张者一样，将职场女性视为“花瓶”的批评对女性的消费习惯、衣着打扮、行为举止无不大加指谪，有人甚至作打油诗讥讽，并暗示女性之所以能在职场立足是由于与男性上司有暧昧关系。

不可否认，对“摩登女郎”和“花瓶”的争议有其现实的依据和积极的意义，带有倡导女性以质朴为美、关心国家政经大事、实现自我价值的正面意义，但更多的是反映了男性主导的社会对女性在近代舞台上表现出的能力和诱惑的焦虑不安。有的漫画和报刊甚至将“摩登女郎”的出现视为男性尊严的丧失，将女性塑造成玩弄男性感情和财产的形象。这些带有恐慌的指责，也是对女性的恐吓，告诫她们不要轻易地进入男性统治的领域，否则就会被“物化”，得不到尊重和安全。

（二）关于女性由教育走向职业的言说

女性社会性别的多重性使女性在工作中频频遭遇舆论的纷扰和现实的倾轧。在20世纪二三十年代男女平权的政治话语中，男性的统治已经丧失了某种明显的、直接的东西，但是建立这种统治的某些机制，如社会空间的客观结构与这些结构在男性和女性身上产生的配置之间的循环因果关系，仍在继续发挥作用。女性被抛入的这个按照性别等级划分的世界，向女性不断颁布这沉默的看不见的指令，这指令与恢复秩序的明确要求一样，企图使女性将随意的规定和禁令当作自然而然与天经地义的事情接受，这些规定和禁令被纳入事物的秩序之中，还不知不觉地被铭刻于身体的秩序之中（布尔迪厄，2002：88）。1925 年 10 月，《妇女杂志》第 11 卷第 10 号刊登了汤尔和①的一篇文章《欧洲诸国人口之减退》，文中通过分析英、日、意、荷等国妇女生育的数据认为：

> 妇人之自给，以国家言之，乍见似甚可喜，实则示其可忧之现象。今一面就从事于一定职业而自活之妇人，一面就虽不劳动亦无不可之妇人，据其相同之人数，而观其妊娠及产褥之经过，并统计其妊娠期之长短而观之，则前一种较后一种远属多数，易罹病的状态。即流产早产及产褥中或妊娠中疾病之类，皆以有职业而劳作之妇人为多。又正规之妊娠期间，怀有胎儿，从而产健全之子者，较过度劳动之妇人，亦以能适宜休养者为远胜也。由是观之，妇人天职养育健全之子孙与夫妇人之自活问题，到底不能相容。（汤尔和，1925）

在文中，汤尔和对女性到社会上从事职业带来的问题忧心忡忡，带着一分怜香惜玉的心态，对鼓励女性自给独立的言论表示愤慨，认为女性就业将牺牲其养育儿女的天职，甚至影响道德品行：

> 但滔滔汩汩，奔腾而至，所谓生活难之巨浪，完全以妇人之自活者为牺牲，而于所谓妇人天职，宜万分努力，吾人之所希望

① 汤尔和（1878—1940），杭州人，民国时期著名政客，早年曾在杭州府中学堂就读师范，1902 年协助其师在沪创办《新世界报》。他曾留学日本，毕业于金泽医专（现为金泽大学），其间被推为拒俄义勇队临时议长；又游德，获柏林大学医学博士学位。1912 年 10 月他在北京建立起中国第一所国立医学校——国立北京医学专门学校（北京医科大学的前身），并于 1912 年 10 月至 1915 年 12 月、1916 年 8 月至 1922 年 4 月两次出任该校校长，1922 年后，历任教育总长、内务总长、财政总长。

者，则适成反对。弱者美者，毫不留情，卷入涡中，以妇人自活问题之故，宁使牺牲其天职，观于此，不能不为怃然者有之，近来妇人之职业，与贞操问题之关系。观世人之所论，亦为叔世之悲风而带有一种哀音者，不能不为之战栗也。（汤尔和，1925）

与之针锋相对的观点俯拾皆是。华因的译作《妇女的职业倾向》，从心理、智力、生理、情感等各方面对两性的差异进行分析，尖锐地指出时人认为女性因生理上的弱质不能从事男性主导的商业等专门职业，但并未因此让女性在生理期时暂歇家务。该文的结语是："若单就眼前所知道的而讲，则妇女的智力正和男子的一样具足，很可以担任人间所有的一切职业。"（华因，1925）然而，应然与实然之间是有巨大差距的，华因等人并没有再回答，既然在智力上女性可以胜任所有的职业，为什么在当时大部分的职业女性都受到了持续良久的不公对待和非议。

另有一种观点介于两者之间，认为女性赋闲在家不事生产是不利于身心健康且可耻的，但为了外出就职抛却对家庭的责任也是失职，所以应当为女性提供能够在家庭中从事的园艺、手工等职业。这种论点似乎是很有现实基础的，论者不无尖锐地指出："我们看见女子能兼顾（事业与家庭）这两方面而能持久的，实在很少很少。我常听见人说学师范的女士们，结婚以后，就专门做少奶奶，不教书了。其实不但学师范如此，就是学其他的职业——须在家庭以外从事的职业——都有这同样的现象。"（退思，1927）为全面起见，他也承认，他为女性设计了家庭工艺和家庭园艺类的职业，并不是说女性不应参与其他职业，而是说"若具有特殊能力之女子，也能有兼顾家务及社会服务之能力，固然更好"（退思，1927）。他提倡为女性提供低成本、能独立经营、符合社会需要而有教育价值的家庭工艺职业教育，以达到补贴家庭经济和增强国民生产力的目的。作为当时有相当影响力和一定进步性的《教育与职业》杂志，刊登这篇文章其实无异于呈现了对新贤妻良母教育和女

教训时刻刺痛着她，她畏缩了，开始冷落赵仪。在赵仪的坚持下，赵母亲自来见罗敏，并向罗家提亲，罗敏又生出了希望。但亲事却被门第之见很深的罗母几次拒绝，因为赵仪的生母并非正室（汪丽玲，1944）。罗敏的爱情，被母亲一句轻飘飘的言语彻底抹杀了。这出20世纪40年代的校园悲喜剧，笔调细腻入骨，刻画了新与旧、西与中的对立。罗敏身上活泼的自然天性，在进入男女同校的学校之前始终被家庭和女子中学合谋压制。新式学校相对宽松的环境，使她复苏了。与青石不同，她在男女同校的学校里生活得轻松愉快，并邂逅了爱情。但在面对流言和礼教的时候，罗敏与青石的反应并无二致，她逃避了。她从未主动向母亲争取过自己的选择，甚至没有表明心意，她指望通过赵母提亲这种传统的渠道实现心底的愿望。罗敏的妥协没有任何效果，这点奢望幻灭了。

顽皮的男童和懵懂的少年从来都是存在的。而在近代男女同校的教育生态中，他们与女生的互动所引发的争议，往往直接指向女性是否应该与男性同时出现在一个现场。这就如同维新派对女性“分利”这样不加辨别的指责一样，如同当代对受到侵犯的女性衣着不当的非难一样，是在默认男性优先选择权的前提下发出的声音。

一位化名“可人”的圣约翰大学男生在1939年的《学与生》杂志上撰文，表明了自己对男女同校的观感，或可作为这个具有现实意义的话题的开放性答案。圣约翰大学是较早实行男女同校的，但当中有数年无女生入学，使“可人”同学感到在沪江大学的同学面前颇无颜面，直怕人家问：“你们约翰太守旧了，怎连女生都没有?”有了女同学之后，他“可以昂首直走，再不怕沪江同学的嘲笑”。他写道，圣约翰大学的男生在女生面前打扮得颇为考究，将休息室让给女生，自己在走廊上逛，在公交车上给女生让座位。同时，他也有点小小的怨言，觉得女生对成绩太看重，得了一个E要哭三天，而且有点自恃身份，对男生爱答不理。不过他对女生在校园里的出现终究是肯定的，并将男女同校上升到共同走向新生活的高度：

> 约翰有了女生，好像平静的海起了个波澜。学生们为了新的对象，正不知怎好。从前刁皮的噪闹，现在是无形中逝去了。动一动就怕失礼，大家全戴着有绅士淑女的假面具，无论男的女的。有人说，这是过渡时代应有的现象。……约翰有了女生，好像伊甸园有了夏娃，夏娃是人之始，约翰女生也是人之始，那就是教我们怎样做人。(可人，1939)

事实上，关于男女是否应该同校的讨论从未停歇。从近代中国在制度层面对这一抉择的犹豫与反复，到20世纪60年代上海将几乎所有改造而来的女中变为男女同校，直至今日人们又纠结于是否应专设女子学校和男子学校，这个话题的热度一直没有消退。围绕男女同校的论争与实践，反映了女性社会性别和社会地位的变化。

四、近代女性对社会性别角色的自我认知

在学校和职场两个空间中，女性首先是性别意义上的存在，然后才涉及与男性共同的权力和责任。很明显，在20世纪二三十年代上海女性角色认同的起点上就充满着观念和世俗的障碍，多数女性在尝试选择人生职业发展道路时都难免会陷入两难的尴尬处境，她们“或是甘守谋职自立的寂寞，或是回到为人妻母的传统命运”（熊月之，1999：271），而真正完全意义上可以实现自我角色认同的女性也只是极少数拥有良好教育背景和家世的中产阶级职业女性。当然，把女性职业问题视为中产阶级的问题，失之偏颇，但是揆诸史实，从时代发展趋势和群体代表性而言，我们却仍然可以从中了解到“阶级意识在妇女问题上的强烈渗透”（王绯，2004：472），体会到历史现象所带来的无所不在的现实观照（谢忠强，刘转玲，2012）。

生活空间的扩展和社会角色的多元，造就了近代上海女性的坚韧性格和强大生命力。在动荡的生活中，普通上海女性的社会性别意识表现出倾向于自我的实现和独立，在争取教育和经济（职业）的权

利、分担婚姻和家庭的责任时，她们有自己独特的声音。

对大多数近代普通女性来说，教育还是一件奢侈品，是家庭满足了其同辈男性成员的教育需要之后的赐予。中国传统家庭历来把教育费列为家庭大额投资，但投资对象仅限于男性（张素玲，2007：59）。普通的上海家庭总是将女孩的教育需要置于男孩之后。一方面是由于教育费用的负担较大，另一方面是对女孩教育收获的期待较低。然而在家庭经济陷入困境时，又往往是女孩被推向谋生的前沿。在近代的职场上，女性要实现自己对社会性别的设定，面临着更多的压力。

一名女子以“康果”为署名，在1947年《妇女界》第3卷第8期发表了文章《邮政局女职员》。她基于自身求职的经历，用细腻的笔调叙述并解释了女性获得社会资本的途径。

> 最近因为受到失业的威胁，所以不论什么公司、洋行、机关，只要那里有女职员任用着的，都把履历书写一封一封寄出去，除了把履历书寄出去以外，我又把朋友和同学们的任职机关名单记录下来，若然这个公司或机关曾经有我的履历书寄了去的话，我便去拜访她们，希望她们能指示我关于投考该公司的一切情形。昨晚饭后曾到任职于邮政局的老同学X君那里，她明白了我的志意之后，很诚恳地告诉我一切，同时我们在谈话中，又谈到她那里的女同事生活情形，现在就记忆所及把它记录下来，也不虚我们这一席谈话。(康果，1947)

文章作者是一位受过良好教育的“新女性”。她在写这篇文章之前，曾经是一位职业女性（女职员），具有良好的女性社交圈。她的同学们也都是有职业的，她们任职的范围是比较宽泛的，包括洋行、机关、公司。这位女性在失业后并没有选择退回家庭，而是选择继续就业，并试图通过社交圈来寻找职业机会。

康果从历史、地位和待遇、婚姻、文化水准四个维度剖析了当时女性就业的状态和问题：

> 据说，上海邮政局的录用女职员始于民国十七年，国民革命成功以后，这时女权运动蓬勃兴起，政府为适应潮流起见，准许国家机关用女职员，以后邮局在历次招考中，不分性别，合格者录用。初始女的被录用人数，不满十位，后来逐渐增加，及至战后，在数量上大大增进，到目前为止，已经达到九十人之多，若没有禁止已婚妇女投考的条文颁布的话，恐怕以后人数，会得蒸蒸日上。
>
> 邮政局的职员地位分甲乙邮务员、邮务佐、信差等。那里的妇女，只占乙等邮务员和邮务佐的地位，没有一个升到甲等邮务员的。据说这个机关对于职员们的分配职务和升迁等级的区别，并不限于性别，只要那一个服务年限到期，有迁升资格的，便按着考试合格程度，让她们升级，可是女的在这十余年中，始终停留在乙等邮务员地位。这是否由于我们妇女缺乏一种雄图大志，和没有向前跃进的勇气？抑或我们妇女的知识水准，一向受到封建和社会习俗的束缚，不能和男性平衡发展？或者还有其他的原因存在？
>
> 因为职务是按着等级来分配的，所以该局对于女职员的薪俸和其他待遇，都是照章规定实施。(康果，1947)

康果所述女性的遭遇，客观上也有当时经济混乱、失业频发的因素，谋职困难对两性是同样存在的问题。但以女性身份发出的声音，往往基于女性这一性别，基于女性遭受的性别歧视与压制；以男性身份发出的对时世的叹息，则是基于家国流离的现实。近代媒体的发达与女性文化生活空间的拓展，使女性的声音日渐清晰可闻。然而从噪音中找回女性“被裹住的”声音并不总是一件容易的事。正如许多男性只是把女性当作衡量自身价值的尺度，女性即使谈论的是自己，关注的也是她们和男性之间的关系。只有在两种性别和性彼此相关而不被孤立起来时，我们才能真正地理解性别与性

（雷金庆，2012：137）。

然而，当我们将家庭视为与其他社会机构同样的社会生产单位，重新审视女性在家庭中的作用时，一种新的话语产生了。1916年，时任《妇女杂志》主编的日美留学生胡彬夏女士在其社论《二十世纪之新女子》中对“新女性”的社会性别角色提出了独到的看法。这篇文章可以视为一个小型的教育叙事研究，作者描述了三位她理想中的美国女性，她们均接受过高等教育，而后回归家庭，辅助她们身为律师和大学教师的丈夫，将家庭打理得井井有条，同时自己在社会活动中处于很高的地位，在空闲时间著书立说。胡彬夏从三位美国女性的生活中感悟到，20世纪的“新女性”应具备三个特征：一是学问高深自居谦逊，二是圆通广达无所不能，三是发展智能益世助人。而具备这三个特征的女性，其自我实现的舞台恰恰是在家庭（胡彬夏，1916）。胡彬夏将家庭视为与社会平行的场所，将女性视为在家庭中主动发挥聪明才智、建设家庭从而推动社会发展的优秀分子，男女的差别在于其施展能力和才华的场所不同，与男性在社会中实现自己的价值一样，女性也可以在家庭中构建自己的主体地位。①

抗日战争时期的家庭妇女证明了胡彬夏的观点。1939年，《妇女生活》杂志组织了一次家庭妇女座谈会，与会的家庭妇女纷纷表示，虽然家庭妇女经济没有独立，但要把手头能够支配的钱和首饰捐出来作为抗日战争的费用，有智识的家庭主妇表示要教身边的仆佣文化知识，并积极读书看报，在邻里之间宣传抗日、为前线战士募集寒衣等（何紫，1939）。

与在职场中做“花瓶”的职业女性相比，这些家庭主妇的社会

---

① 有趣的是，胡彬夏本人过着一种相当职业化和社会化的生活，作为杂志主编和沪上著名社会活动家，她并没有像自己文中的理想妇女一样，在家庭中成为核心。同时，她将夫姓“朱”冠于自己的姓氏前从事活动和发表文章。胡彬夏可以说是一个新旧交替的时代之中特殊而又普遍的女性样本。

性别意识显然更为进步。张允和[①]后来在接受采访时也一再强调，自己就是一个家庭妇女，就是一个在中国公学读书时得到“你的作文……有女中丈夫的气概，女孩子要都能像你这样，男女就能真正平等了”（张允和，2012：106）的赞语的女性，并没有遵循着“新女性”的路径一直走下去。张允和曾经撰文《女人不是花》，她“反对人家说机关里的女职员、学校里的女教师都是瓶中花朵”。她喜欢无花果的性格：“它不占好的土地，不需人工精心栽培，自然枝叶繁茂。它实际不是没有花，只不过她美丽的花隐藏在果子里面，不在人们面前花枝招展罢了。”（张允和，2012：108）

因此可以认为，女性的自我认识和觉醒，在家庭中发生的过程并不像一般的社会学研究所想象的那样，是因循守旧和闭塞保守的。女性所处的场域以及社会身份与她们的自我认识之间的关系颇可寻味。

五、结　　语

近代上海城市发展的特殊历程和特殊地位，使她成为中国最多元、最现代化的地区之一。这一特质表现在女性教育上，是使更多的普通女性得到了受教育的机会和更加正规持续的教育；而体现在女性职业上，则是为女性留下了前所未有的广阔的职业空间。在城市发展的过程中，这个城市本身也表现出她女性化的一面，即女性生活空间的拓展和消费文化的出现。因此，多元的女性教育和女性职业出现在近代上海，是历史发展之必然。在近代上海，女性与城市是互相成全

① 张允和（1909—2002），著名的“张家四姐妹”（“合肥四姊妹”）中的“二姐”，中国语言文字专家、周有光先生的夫人。张允和毕业于光华大学（今华东师范大学）历史系，1933年出嫁后随丈夫的教职变动迁往各地生活。她曾为上海某高中历史老师、人民教育出版社历史教材编辑，1952年离职。1956—1964年她任北京昆曲研习社联络小组组长，工作属义务性质，故自称“家庭妇女”。她在晚年致力于写作，著有《最后的闺秀》《昆曲日记》等书，并续办家庭刊物《水》。

的。可以说，只有将女性社会性别的演变纳入上海都市的发展中，才能深切地体现近代上海复杂的样貌。

在学校和职场中，女性开始是一个外来者和陌生人，她们沿着以男性为主的社会设计好的路径行走了很长时间。而一旦女性真正进入了社会，她的主体意识就开始觉醒，女性意愿与男性设计之间的矛盾就会日益尖锐。社会对女性的期待、给女性提供的教育和就业机会以及社会本身的变迁，影响着女性的教育与职业生态，但女性的自我认知与现实之间的冲突以及女性为争取话语权和主动权进行的奋斗，不会因为外部的压力而湮灭，相反，只会在阻力中变得更加鲜明生动。普通女性对教育权和职业权的珍视以及为此付出的艰辛努力，使一个个细小的声音成为不可逆转的回响。

女性在教育和职业中认识到了自己可能获得的性别角色和社会权利，但这一认识远远不是同质化的、线性前进的过程。女性在近代见到并实现了前无古人的多样化，虽然选择并不是那么顺利和愉悦，虽然付出的代价是沉重的，但是女性有了推开家门的资本和勇气，也有了回到家中的选项和自由。家庭中的女性在近代上海逐渐成为核心，其智识与能力在很大程度上决定了小家庭的社会文化资本。故此，并不是所有走出去的女性都是解放的，也不是所有留下来的女性都是守旧的。时代和城市的发展，为所有空间中的女性提供了一种新的人生可能性。

参考文献

白吉尔，2014. 上海史：走向现代之路［M］. 王菊，赵念国，译 . 上海：上海社会科学院出版社 .

布尔迪厄，2002. 男性统治［M］. 刘晖，译 . 深圳：海天出版社 .

陈丹燕，2008. 上海的风花雪月［M］. 北京：作家出版社 .

陈东原，2015. 中国妇女生活史［M］. 北京：商务印书馆 .

陈问涛，1921. 提倡独立性的女子职业［J］. 妇女杂志（8）：8.

陈学昭, 1932. 现代妇女［M］. 上海：上海女子书店.
初我, 1905. 女学生亦能军操欤［J］. 女子世界，13：1-2.
戴鞍钢, 2004. 内河航运与上海城市发展［J］. 史林（4）：94-99，127.
邓小南，王政，游鉴明，2011. 中国妇女史读本［M］. 北京：北京大学出版社.
高彦颐, 2005. 闺塾师：明末清初江南的才女文化［M］. 李志生，译. 南京：江苏人民出版社.
郭建英, 1934. 求于上海的市街上［J］. 妇人画报（17）：11-15.
何紫, 1939. 主妇座谈会记录［J］. 妇女生活（上海 1935）（3）：23-24.
胡彬夏, 1916. 二十世纪之新女子［J］. 妇女杂志（1）：1-13.
华因, 1925. 妇女的职业倾向［J］. 妇女杂志（8）：1297-1305.
剑泪, 1916. 将有女银行员出现［N］. 时报，1906-12-20（13）.
康果, 1947. 邮政局女职员［J］. 妇女界（8）：6-8.
可儿, 1930. 男女同学的我［J］. 万有周刊（27）-（30）.
可人, 1939. 约翰自有了女生［J］. 学与生（1）：40.
克罗齐, 1982. 历史学的理论和实际［M］. 傅任敢，译. 北京：商务印书馆.
雷金庆, 2012. 男性特质论：中国的社会与性别［M］. 刘婷，译. 南京：江苏人民出版社.
李欧梵, 2001. 上海摩登：一种新都市文化在中国：1930—1945［M］. 毛尖，译. 北京：北京大学出版社.
李长莉, 2008. 中国人的生活方式：从传统到近代［M］. 成都：四川人民出版社.
列维, 1990. 现代化的幸存者与后来者［M］. 吴荫，译. 北京：知识出版社.
芦迁, 1918. 本埠小新闻·女剃头店［N］. 时报，1918-04-02（11）.
罗苏文, 1996. 女性与近代中国社会［M］. 上海：上海人民出版社.
罗志如, 1932. 统计表中之上海［M］. 南京：国立中央研究院社会科学研究所.
马尚龙, 2007. 上海女人［M］. 上海：文汇出版社.
帕克，伯吉斯，麦肯齐，1987. 城市社会学［M］. 宋俊岭，吴建华，王登斌，译. 北京：华夏出版社.
青石, 1925. 男女同校的我［J］. 妇女杂志（10）：1633-1635.
邱良玉, 1924. 男女同校论［N］. 大世界，1924-01-14（2）.
《上海妇女志》编纂委员会, 2000. 上海妇女志［M］. 上海：上海社会科学院出版社.
上海市工务局, 1937. 上海市工务局之十年：1927—1937 年［Z］. 上海：上海市档案馆.
上海社会科学院经济研究所，1980. 荣家企业史料：上册：1896—1937年［M］. 上海：上海人民出版社.
施扣柱，2007. 民国时期上海对私立学校的管理模式［J］. 社会科学（2）：99-109.
施扣柱，2009. 青春飞扬：近代上海学生生活［M］. 上海：上海辞书出版社.
宋钻友，2009. 同乡组织与上海都市生活的适应［M］. 上海：上海辞书出版社.
汤才伯，1983. 近代上海教育的兴起和发展［J］. 上海师范大学学报（哲学社会科学版）（3）：132-137.
汤尔和，1925. 欧洲诸国人口之减退［J］. 妇女杂志（10）：1570-1574.
唐慎行，1923. 男女同校有什么利益［J］. 雪片（1）：20-22.
童行白，1935. 导言［J］. 新女性（创刊号）.
退思，1927. 提倡女子职业教育之商榷［J］. 教育与职业（77）：399-401.
汪丽玲，1944. 婚事［J］. 大众（18）-（21）.
王绯，2004. 空前之迹：1851—1930：中国妇女思想与文学发展史论［M］. 北京：商务印书馆.
王光祈，1919. 大学开放女禁问题［J］. 少年中国（4）：43-45.
向磊，2014. 翻译者，背叛者：评胡缨《翻译的传说——中国新女性的形成（1898—1918）》［J］. 中国图书评论（9）：107-110.
谢长法，2010. 清末“新政”时期的女子职业学校述论［J］. 河南大学学报（社会科学版）（1）：122-127.
谢忠强，刘转玲，2012. 20世纪二三十年代上海女性的就业与家庭地位论略［J］. 西北工业大学学报（社会科学版）（2）：56-60.
忻平，2009. 从上海发现历史：现代化进程中的上海人及其社会生活：1927—1937［M］. 上海：上海大学出版社.
熊月之，1999. 上海通史：第9卷：民国社会［M］. 上海：上海人民出版社.
许祖馨，于传璋，陈叔骐，2010. 上海老学堂［M］. 上海：文汇出版社.
杨鄂联，1930. 女子职业教育的我见［J］. 教育与职业（114）：15-20.
佚名，1930. 民国嘉定县续志：卷2：营建志、交通、航业［Z］.［出版地不详］：［出版者不详］.
英克尔斯，史密斯，1992. 从传统人到现代人：六个发展中国家中的个人变化［M］. 顾昕，译. 北京：中国人民大学出版社.

张素玲，2007. 文化、性别与教育：1900—1930 年代的中国女大学生［M］. 北京：教育科学出版社 .

张允和，2012. 最后的闺秀［M］. 北京：生活 · 读书 · 新知三联书店 .

赵欣，2010. 1843—1937 年的上海女子教育：阶段与特点［J］. 华东师范大学学报（教育科学版）（2）：90-95.

师生日常生活中游谈的教育意蕴：以西南联大为个案的诠释[①]

The Education Meaning of the Chitchat between Teachers and Students in Daily Life: A Case Study on Southwest United University

王喜旺（Wang Xiwang）

河北大学教育学院

Institute of Education，Hebei University

内容提要：师生之间在日常生活中的游谈作为大学的日常存在，对于学子的成长发挥着独特而奇妙的作用。从西南联大的经验可以看到，充满温情与智慧的游谈依赖于师生共有的价值关怀、师生之间的亲密关系、师生共同的超越情怀。当这三个条件具备的时候，师生之间无论是在居室、茶馆，还是在路上、风景优美之地，才可能进行自然而亲切的游谈。在这样的游谈中，学生不但获得了探究未知世界的方向、原则，而且形成了高贵的德性。这些都成为支撑莘莘学子在未来的成长中走向学术与人生巅峰的重要因素。

关键词：日常生活；游谈；西南联大；影响

① 本文是全国教育科学"十三五"规划国家一般课题"'从游式'教育的现代形态：以西南联大为个案的诠释"（课题批准号：BOA170042）的阶段性成果之一。

Abstract: As everyday existence of university, the chitchat between teachers and students in daily life plays a unique and wonderful role for students' growth. We can see from the experience of the Southwest United University that the chitchat full of warmth and wisdom depends on the value shared with teachers and students, the formation of close relationship between teachers and students, transcend feelings shared with teachers and students. When these three conditions are met, natural and friendly chitchat may happen between teachers and students either in the bedroom and the teahouse, or on the road and the scenery place. In such chitchat, students not only get to the direction and principle of exploring the unknown, but also come to form noble quality. These have become important elements to support them make for the top of academic and life in their future for young students.

Key words: daily life; chitchat; Southwest United University; effect

面对整全的教育世界，我们的教育研究者往往把目光投向正规的、制度化的教育目标的设定、课程的设置、课堂教学的展开、管理制度的建构、校园文化的建设等。对于师生日常生活中所映现的教育图景，注目者甚少。至于师生之间在日常生活中的游谈的教育意蕴，更是鲜有关注者。事实上，师生之间在日常生活中的游谈作为大学校园内广泛的日常存在，对于莘莘学子的成长发挥着独特而奇妙的作用。本文拟以西南联大的历史经验为对象，对其进行必要的阐释。

一、师生之间的游谈成为日常生活状态的基础

师生之间的游谈能够成为日常生活中普遍存在、频繁发生的行为，往往是由于师生之间具有共同的价值关怀。否则，他们就不可能

聚集在一起，更不会饶有兴味、长时间地将清谈延续下去。征之于西南联大的史料，使我们不难确证这一点。

(一) 师生一致崇尚学术救国

在谈到西南联大学人共同的价值关怀时，今人张奠宙在为陈省身作传时曾说："战时的西南联大，生活简单困苦，但学术研究十分活跃，为常人所难以想象。理由很简单，所有的人，都怀着满腔的爱国热情。"（张奠宙，王善平，2004：85）可见，张奠宙在这里想要说的是，"满腔的爱国热情"正是西南联大学人所有价值指向的根本。在许多西南联大学人的言行中，我们可以一再看到"满腔的爱国热情"喷涌而出。

诗人、学者闻一多被胸中的爱国热情之火灼得热血沸腾，禁不住在给其学生臧克家的信中滔滔不绝地倾诉："我只觉自己是座没有爆发的火山，火烧得我痛，却始终没有能力（就是技巧）炸开那禁锢我的地壳，放射出光和热来。只有少数跟我很久的朋友（如梦家）才知道我有火，并且就在《死水》里感觉出我的火来。"（闻一多，1986：316）其他西南联大学人虽不像闻一多那样以诗人特有的热情，用诗一样的语言来倾诉自己的爱国热情，但他们在表达自己的爱国之心时，也都是掷地有声的。

黄子卿于1935年在美国的麻省理工学院获得博士学位，当他向周围的师友表达自己尽快回国的想法时，麻省理工学院的化学系主任和芝加哥大学原子能研究所的负责人都极力劝他留下，并许以优厚待遇。他们对黄子卿说："你的祖国正像一只破船在风雨中飘摇，哪里会有美国这样好的研究条件？"对于这样的出于善意的劝告，黄子卿斩钉截铁地说："我愿和我的祖国一起受苦。"（北京大学校友联络处，1988：247）与祖国一起受苦之辞，表达的正是黄氏的拳拳爱国之心。

冯契在谈到金岳霖的满腔爱国热情时曾深情地说：

> 当时有些进步学生在地下党领导下组织战地服务团，决定到北方前线去参加抗战工作，我也报名参加了。临走之前，去向金先生告别，他非常赞赏我的行动，连声说“好，好！我要是年轻二十岁，也要到前线去扛枪”。我后来一直记着他讲“扛枪”二字时的那种满腔热情，这对我确是最好的鼓励。我在北方两年，1939 年又回昆明西南联大复学。金先生一见到我，就约我到他住处去谈谈。他特别为我准备了咖啡和点心（这在当时大后方是很难得的），详详细细地问我在前线的情况和所见所闻。我如实地讲了自己到山西前线、又到延安、并随八路军到了晋察冀和冀中等地的主要经历，介绍了敌后根据地军民英勇抗敌的许多事迹。他显然听得很高兴，不时地插话：“八路军真能打仗！”“噢，游击队神出鬼没！”“照这样说，中国人一定能打败日本鬼子！”……他还说，他们这一代人，一直担心中国要被瓜分，要亡国，能把日本鬼子打败，中国就有希望了。（刘培育，1995：151-152）

金岳霖不但对自己学生上前线抗日的举动表示极度赞赏，而且在其学生自前线归来后对抗日前线的战况表现出特别的关心，这足见金岳霖对于祖国命运的高度关切。如果没有胸中蕴积着的火一样的爱国热情，他是不可能有那些言行的。

西南联大教师都有着火一般的爱国热情，西南联大学子也是如此。对于这一点，西南联大的杰出学子王瑶曾用非常简练的笔触做过表达。他是这样说的：“我们固然绝不能忽视救亡，但也绝不空谈救亡，我们相信没有和现实世界超然存在的甚么学术，惟有把学术和现实密切的联系起来才是有价值的学术，也才真正对救亡有所补助。”（王瑶，1936）显然，这里的“绝不”“忽视救亡”“空谈救亡”，意欲通过学术工作“真正对救亡有所补助”，正将西南联大学子深沉、炽热的爱国之情展露无遗。

对于西南联大学子的爱国热情，任继愈表达得更直白。他说："我觉得做学问也是个战斗。那时候我们念书，也想着前方的将士，并不是打仗的归打仗，念书的归念书，我们这个做学问也要对得起前方的打仗。"（张曼菱，2007：149）

从前面两则有代表性的史料可以看到，西南联大学子与教师一样，都有着强烈的爱国热情。在当时的情况下，摆在一个有着爱国热情的学人面前的有两条路：一是投笔从戎；二是继续以学术为业。在这两种选择之中，西南联大学人虽然对投笔从戎的行为颇为激赏（如金岳霖的上述言行即是明证），但基本上选择的是后者。西南联大学人之所以做出这样的道路选择，不是因为有所顾虑或心有胆怯，而是在知识分子于国难之时如何自处、如何以知识分子独有的方式救国这一问题上经过深思熟虑之后做出的决断。对于这一点，从贺麟的一篇文章中不难看到。

正当国难之时，贺麟所撰《德国三大伟人处国难时之态度》这一长文，可谓一篇极为难得的知识分子考量其战时生存方式的代表性文献。在该文中，贺麟主要讨论了歌德、黑格尔、费希特在国难中的生命姿态与生存方式。

1806 年 10 月，拿破仑亲率重兵直捣德国，当时魏玛公爵府中的其他幕僚"走避一空"，只有作为魏玛公爵府高级幕僚的歌德处之泰然，毅然留下，使耶拿大学在战乱中仍能弦歌不辍。因此，贺麟称许歌德具有"诗的人品"，能够在任何情况下，包括大军压境、生命受到威胁时，都保有对生命本真的无尽的热爱，对个人际遇的超然姿态。

与歌德的"诗的人品"相对照，黑格尔则是"散文式的"。从个人品质来说，黑格尔崇尚脚踏实地，平淡无奇，不浪漫，少风波。从运思取向上来说，黑格尔"特别注重文化历史的研究，以明了祖国的民族精神，立国根本，以及古圣先贤所遗留下来的国粹或文化之所在"。从个人身处国难时的姿态选择来说，黑格尔则主张知识分子"各安其分，各得其所"，坚持自己"死以求生或死中求生的信心、希望、拼命精神”。在这里，贺麟突出强调的是两方面：一是民族和国家复兴的希望、长久生存与发展的根本只能在文化研究中寻求。因为“只有知识是惟一的救星。惟有知识能使我们对事变之来不至如禽兽一般之愕然吃惊，亦不至仅用权术机智以敷衍应付目前的一时。……惟有知识才能使我们不至认国运之盛衰、国脉之绝续仅系于一城一堡之被外兵占领与否”。二是知识分子的职责是“各安其分，各得其所”，坚守自己文化创造与传播的岗位。这是一种更为根本性的基础工作，需要付出长期的、艰苦卓绝的辛劳（贺麟，1931a）。

与歌德和黑格尔相比，费希特则是“富于戏剧意味”的。在法军占领普鲁士之时，费希特怀着必死之心进行了著名的《对德意志民族的演讲》，且连续多次，给德国人民带来了巨大的精神鼓舞。而在此之前，书商帕尔姆由于出版了《德国处于深深的屈辱之中》一书而被拿破仑处死，人们对之依然心有余悸。当此之际，费希特的连续讲演更显示了其超乎常人的勇气和鲜明的民族立场。为了突出费希特的这一特点，贺麟还把黑格尔与费希特身处国难时的姿态以设问的形式加以对比：“当法军占领德国时，黑格尔曾打电报没有？曾发宣言没有？他曾公开演讲若干次？他抗法救国的标语如何？想来，他总少不了要发出一个重要的快邮代电，以表示他爱国赴难的决心？”最后的回答，自然都是否定性的。另外，为了突出黑格尔的立场，贺麟还特别总结说：“黑格尔的全部热情，志气与精神，差不多尽注在他的学说里，而未十分表现于外表的末节上。”（贺麟，1931b）

那么，对于德国这三大伟人身处国难时的生存方式的选择，贺麟究竟最为推崇哪一种呢？贺麟的至交吴宓给出了答案。他在读了贺麟的长文之后，断然认定：“篇中凡描述黑格尔之处，亦即作者个人主张信仰及其成己济世之热诚之表现也。”（贺麟，1931b）吴宓在这里想要说明的是，贺麟明确主张，知识分子身当国难之时，应该像黑格尔那样“各安其分”，把知识当作“惟一的救星”，致力于“文化研究”的工作。

在这里，我们可以看到，贺麟是在经过周密而审慎的思虑之后，认定文化研究、创造的工作是知识分子在身处国难时最有意义的工作，才无怨无悔地选择全力投身学理探究的。

对于许多西南联大学人，我们虽然没有看到其做出理性抉择的心路历程，但是，我们可以看到，他们与贺麟一样，有着对“文化研究”的意义之独特性、神圣性的体认。

对于西南联大学人是如何认识学理探究之于挽救国家危亡的意义的，朱自清曾做过概括性说明。他说：“……教授们也感觉到，自己上战场打仗是不太可能的。……自己的任务就是保持中国弦诵不绝，……这个对中国的长远发展意义重大。”（张曼菱，2013：27）也就是说，西南联大学人深切地认识到，上前线扛枪非学人所长，学者以探究自然、人文真理为业来救国，有着其他救国方式所不能替代的重大意义。从不少西南联大学人的言论中，我们都可看到这一点。

闻一多在给梁实秋的一封信中曾这样说：“我国前途之危险不独政治、经济有被人征服之虑，且有文化被人征服的祸患。文化之征服甚于其他方面之万千倍。杜渐而防微，舍我辈其谁堪任之。”（闻一多，1994：114-115）在这里，闻一多可谓目光如炬。他不仅看到了日本侵略中国可能带来的中国在政治、经济上被他国“征服”的危险，还看到了在文化上可能被他国“征服”的危机。在洞见了这一点的同时，他也认识到了作为学者的使命与价值：依靠学人点滴的努力，防止日本在文化上征服中国。从他的“文化之征服甚于其他方面之万千倍”一语来看，他对学者的这一使命与价值看得甚为重大、神圣。

在钱穆看来，“非国家、民族不永命之可虑，而其民族、国家所由产生之‘文化’之息绝为可悲。世未有其民族文化尚灿烂光辉，而遽丧其国家者，亦未有其民族文化已衰息断绝，而其国家之生命犹得长存者”（钱穆，1948：1）。在这里，钱穆把民族文化看作一个国家存亡续绝的根本。既然民族文化关乎国家的存亡，那么，我们要想使中国不致亡国，就必须想方设法保存中国的民族文化。而中国的民族文化，主要表现在中国以往的全部历史中，所以，钱穆特别“强调在抗战中重建国家，必复兴文化，要唤起民众的民族觉悟，必先认识历史”（田亮，2005：259）。可见，钱穆把知识分子的国史研究提高到挽救国家危亡的高度来认识。

虽然闻、钱二氏在立论时的角度不无差异，但表达的却是同一个想法：学者通过学术工作实现文化与学术的传承、创造，对抗日兴国来说具有不可替代的重要意义。

正是因为西南联大学人有这样的价值认定与关怀，教师才会不仅在课堂上尽力做学术文化的播火者，在课外亦有着浓厚的传道热情。学生不但在课堂上孜孜不倦地吸取知识，在课外也有着火热的求学问道之心。二者的合力作用，使西南联大师生经常性地聚集在一起，对以学术为中心的清谈无厌无倦。对此，陈岱孙在其晚年谈到西南联大时曾说，西南联大之所以能够“为国家培养出一代的国内外知名学者和众多建国需要的优秀人才”，“不得不把这成果归功于同学的求知愿望和教职员的敬业精神。而这二者实植根于以爱国主义为动力的双方共同信念和责任感”。（西南联大北京校友会，1996：1）这一总结，可谓一语中的。

（二）“亲切而纯洁”的师生关系

在现代大学中，师生关系是一种契约关系。受此风影响，抗日战争前大学中的师生关系是疏远的、淡漠的。“师生的接触，一般仅限于课内”，“只有少数学习较好、被目之为‘天才’的学生，才受到教师的重视，课外辅之以较多的指导”。（清华大学校史编写组，1981：130）但到了抗日战争时，就大不一样了。赵瑞蕻在谈到西南联大师生关系之非同寻常时曾这样说：“师生之间可以随意接触谈心，可以相互帮助和争论；在春秋佳日的假期中，师生结伴漫游或喝茶下棋，促膝聊天，海阔天空，无所不谈。”（赵瑞蕻，2000a：67）其所说的“随意接触”“无所不谈”，正是对师生关系亲密的最好概括。对此，王浩也曾发出类似的感叹：“我在三九年秋到昆明作新生，一直住到四六年春离开准备出国，住了将近七年。在这段感受力最强的日子，和许多老师及同学享受了一种人生极难得的平淡亲切而纯洁的人际关系。这种经验不但为以后的做人和学业打了一个比较坚实的基础，而且彼此之间的信任和同情一直持续着，成为崎岖的生命历程中一个重要的精神支柱。”（刘培育，1995：161）王浩把西南联大的师生关系概括为“亲切而纯洁的人际关系”，并把它视为“崎岖的生命历程中一个重要的精神支柱”，可见其对当时西南联大师生关系特别亲密的感念之深。事实上，许许多多西南联大师生之间的交往细节，都可以让我们感到赵、王二氏所言不虚。

何善周在谈到闻一多和学生关系之亲密时曾经说过：

> 西南联大在校的同学来到司家营拜访闻先生的逐渐增多了。他们一次三五人、七八人，多至十几人来到研究所。他们只要一进研究所的小院子，不论闻先生在楼上正在做什么，是在写着还是在翻找资料，一听见楼下的问询声，判定是来见他的，立刻就放下工作，面带笑容走下楼去。我的书桌放在楼门口，每次瞅着闻先生左手提着长衫的衩子，两眼闪着欣喜的光芒，急忙地跨出门，走下楼梯的情景，我曾多少次地想着，这是在我们这所旧大学里，作为一个教授和学生的新的师生关系的开始。
>
> 闻一多与新诗社的成员经常聚谈。一次，同学们坐在稻草打成的圆垫子上，请闻一多坐在床上，可是，不一会儿，他又挤到了草垫子上。同学们不大忍心，让他坐回床上去，闻一多就说：“你们以为我到你们中间是干什么来的？也许以为我是来教你们的，来领着你们走吧。那样想就错了。我是到你们中间来取暖的！”大家听了“取暖”两字，都会心地明白它的含义，都笑了。（王子康，王康，1980：259）

从闻一多一见到学生就满怀欣喜的神态和在学生中间能够获得温暖的心声表白可以看到，他是把学生当作亲密无间的朋友来看待的。

如果说闻一多是把学生当作心心相印的朋友来看待的话，那么朱自清与沈从文简直就是把学生当作孩子来对待的。朱自清对待学生的态度，从他与季镇淮相处的一件逸事中就可看到。一次，朱自清请季镇淮在一家饭店吃饭。朱自清知道季镇淮是江苏淮安人，专门为季镇淮点了淮扬菜系中的名菜炒鳝丝。二人边吃边谈，“情同鱼水”。这让季镇淮“至老都难忘朱先生的温情与体贴”（夏晓虹，1999：141）。

沈从文对待学生的温情，与朱自清相若。一次，汪曾祺去拜访沈从文。汪曾祺去沈家的那一天，正好牙疼，腮帮子肿得老高。汪曾祺一进门，沈从文就看到了汪曾祺的那副惨相。沈从文连客套话都没有说一句，转身出去，一会儿抱回几个吃了能去火、消炎的大个的橘子（汪曾祺，1998：257）。

从朱自清为季镇淮点菜与沈从文为汪曾祺买橘子这样的细节中，我们看到的是师生之间如父亲对待儿子般自然的温情与体贴。

总之，无论是师生之间的朋友般的情谊，还是父子般的情感，都是无愧于“亲切而纯洁”之誉的。这种特殊的关系使得教师与学生之间的对座闲谈与散聚清谈不是牵强、生硬的，而是非常自然、平易的。

（三）超越艰难困苦的达观襟抱

对学术救国的意义体认、师生关系的亲密固然是西南联大师生沉浸在游谈中的重要支撑因素，不过，超越艰难困苦的达观襟抱也是他们沉浸在游谈的世界中不可缺少的助力。因为西南联大学人不是生活在和平、安宁的环境中，而是身处危难与困苦中。如果没有从苦境中超拔出来的情怀与境界，他们就会陷溺在生活的危险、艰苦中不能自拔，成为随波逐流的庸众，不可能以安然、平静的心态进入游谈的状态。那么，他们面对的生活情境充满了何等的危难与困苦呢？

从1938年9月开始，西南联大的师生便处于时时有可能遭受日本侵略者空袭的危险之中。最初，日本人对昆明的空袭只是为了对大后方进行骚扰，从精神上对大后方的民众进行威慑，轰炸昆明的次数尚少。后来，在日本人占领越南、缅甸后，云南便成为抗日的前沿，日本飞机就开始了对昆明的更为频繁而疯狂的轰炸。“从1940年夏天到1941年秋天，在这一年零一个季度的时间里，日本几乎天天来飞机轰炸，而且很准时，早晨九、十点钟肯定拉警报。”（何兆武，2006：180）

空袭所带来的直接结果便是让人们不得不经常面对死亡的威胁，这自然会给人们带来心理上的巨大恐慌。许多西南联大学人的日记都对这一点有过描述。

如1940年10月12日的空袭，就对人们产生了很大的心理冲击。那天，27架日本飞机飞入昆明上空，“投弹百余枚”，重点轰炸目标是西南联大与云南大学。这次轰炸，致使“云大及联大师院已全毁，文化巷住宅无一存者”，“文化巷口棺木罗列，全巷几无存屋”。死亡与毁灭就在人们面前，使人们“惶惶无所归宿”。当天晚上，吴宓原打算继续他的“欧洲文学名著”一课的讲授，但因为“仅到许渊冲等二生”，没上课。15日，他上“文学与人生理想”一课，“到者五六学生”（吴宓，1998：246）。其间，像吴宓这样的名教授所上的非常叫座的课都很少有人上了，学生在心理上所受到的震撼，可以想见。恐慌的不仅是学生，教师亦然。据曾昭抡1940年10月13日的日记记载：“昨日敌机狂炸昆明后，我等住宅前后，落炸弹甚多。附近数屋变成一片废墟，有一屋全家六人均被炸死。联大师范学院的男生宿舍全毁，学校负责人，竟不露面。在办公时间内，全校无一人办公。”（文集编撰委员会，1999：336-337）偌大的一个西南联大，在飞机轰炸之后，连一个办公的人都没有。可见其时教师们在心理上是何等的惊骇。

为了躲避空袭的威胁，师生们只能选择“跑警报”。为了躲警报，学校还把上课时间改了。本来是8点钟上课，改成了7点，一节课也改成40分钟。日本飞机经常10点多钟来。到10点钟的时候，课差不多上完了，一来警报，全校师生就赶紧往郊外跑。下午，因为当时的日本飞机飞得比较慢，它要飞回越南去，需要时间，所以，3点钟以后，飞机就不再来了。3点钟又解除警报，开始上课（张曼菱，2013：152）。

空袭的灾难虽然惨烈，也对西南联大学人的生活造成了很大的困扰，但他们尚可到乡间、山野间逃避，且不是每时每刻都必须面对，贫困之苦就不同了，它如影随形般折磨着他们。

陈寅恪曾写诗描述他自己当时生活窘迫的程度："淮南米价惊心问，中统钱钞入手空"；"日食万钱难下箸，月支双俸尚忧贫"。（西南联大北京校友会，1996：73）他是为数极少的教育部部聘教授之一，还有着中央研究院的兼职，其收入远远多于普通教授，连他都为通货膨胀之速感到"惊心"，为生活贫困而忧虑，其他教授的生活就更困难了。

闻一多一家八口人，不得不住在一个"楼下就是马厩、牛棚"的小房子里，床上、地铺上，挤得满满的。为了节省开支，闻一多常常在早上领着他的孩子们去小河边洗脸。傍晚的时候，他又领着孩子们到收割过的稻田里捉蚂蚱和田鸡。尽管他节衣缩食，但收入还是维持不了一家人的生活。无奈之下，他只好"借贷度日"，甚至还"拍卖了自己仅有的一件大衣"，"忍痛卖掉自己最心爱的藏书"。（王子康，王康，1980：409-410）这样的生活，用饥寒交迫、斯文扫地来形容，是一点都不过分的。

不仅是西南联大的那些名教授生活艰难，就是当时西南联大的最高领导人梅贻琦，家庭生活也颇为窘困。这从一件西南联大学人广为传诵的逸事中就可看到。

梅贻琦夫人有一次参加社会慈善活动，轮到她请客时，家中没有一文钱。于是，她就在大西门旁铺了一块油布摆个地摊，把孩子们长大后穿不上的小衣服、毛线头编结的东西以及她自己的衣服摆上卖，一个早上卖了十元钱，总算勉强把这顿饭备上了。这样，梅校长夫人摆地摊的事也就流传出去了（张曼菱，2013：186）。

总之，在当时的昆明，物价飞涨，国家给的薪水则是，“初则原薪尚有折扣，继则所加不过十分之一二”。这就造成了“同人等薪津平均每月不及六百元，以物价增长三十倍计，其购买力只等于战前之十七八元”的状况。在当时的西南联大，一个教授要养活的往往是“平均五口之家”，十七八元的购买力，如何能负担得起？这就难怪他们发出“何以自存”的责问了（清华大学校史研究室，1994：331）。

生活于危难与穷困之中，无疑会对他们的“坐而论道”造成很大的甚至是决定性的困扰。幸运的是，西南联大学人具有超越危难与穷困的达观情怀，这就使得那些危难与穷困变得无足轻重。那么，他们的达观情怀表现在哪些方面呢？这体现在他们面对危难时所展现出来的坦然、平静，甚至发自内心的喜乐上。

虽然身处危难之中，但西南联大学人依然保持着文人特有的智性的情趣。谈诗论文，在和平年代，素为文人所喜。在此时，众多学者依然常常聚集在一起谈诗论文。如浦江清在其日记中就曾经记载：“天阴，寒甚。在闻一多家围炉谈诗。游泽承谈散原诗尤有劲。传观诸人近作，佩公（朱自清）晚霞诗，重华黄果树瀑布诗，泽承律诗数章均佳。”（西南联大北京校友会，2002：74）除了谈诗论文，手谈也是知识分子不可或缺的文人雅趣。吴宓就是这样一个在战乱中依然不能忘却这样的雅趣的人物。他很喜欢下围棋，可是，在蒙自无围棋可买。无奈之下，吴宓找来木头自制木板棋盘，另外买了四百粒纽扣——黑白各二百粒，作为棋子。这样就可以下棋了。在战乱颠沛中依然不忘弈棋，可见其心境之坦然、平静。

即使在生活的苦难之中，他们还能发掘出其间的苦涩之美，让人粲然一笑。如西南联大教室是铁皮做的屋顶，如果遇上下大雨，雨水打在铁皮上面，声音很大，往往会盖过教师讲课的声音。一次，经济学院的教授陈岱孙给学生上“经济学概论”，讲到一半时，风云突变，下起了大雨。教室顶部发出了很大的声音，陈岱孙尽管提高嗓门上课，学生依然听不清他的声音。陈岱孙苦笑着转过身来，在黑板上写下四个大字："下课赏雨。"对此，学生们都不约而同地笑了（云南省政协文史资料研究委员会，西南联合大学北京、昆明校友会，云南师范大学，1988：165）。

许多西南联大学人在危难与艰辛中，甚至还表现出惊人的快乐。金岳霖为避日本人的空袭而躲在乡间时，曾经寄居在钱端升家。钱家有两个孩子，一个乳名叫"都都"，一个乳名叫"弟弟"。金岳霖经常和两个孩子在一起玩。他一见到两个孩子，就用他们的乳名来哼《马赛曲》，"都都……""弟弟……"，或者用口哨吹出《马赛曲》，很能吸引两个孩子。孩子们一见到他，就高兴地叫"金爸，金爸"（刘培育，1995：152）。如果没有发自内心的快乐做支撑，如何可能有和同事的孩子经常玩耍、逗趣的举动？

机械工程学系主任李辑祥也是一个与金岳霖类似的人物。有一次，他给大家讲了这样一个兄弟二人巧续对联的故事：

> 有一天，哥哥把自己的照片挂在书房的墙壁上，并且在旁边写了四句话：
>
> 仪貌堂堂，挂在书房。
>
> 有人问我？王氏大郎。
>
> 他的弟弟看见后，在每句后面加了两个字：
>
> 仪貌堂堂无比，挂在书房墙壁。
>
> 有人问我是谁？王氏大郎阿弟。
>
> 他的哥哥看见后，又在每句后面加了两个字：
>
> 仪貌堂堂无比之容，挂在书房墙壁之东。
>
> 有人问我是谁之像？王氏大郎阿弟之兄。
>
> 这一故事讲完后，在场的人无不捧腹大笑。（云南省政协文史资料研究委员会，西南联合大学北京、昆明校友会，云南师范大学，1988：512-513）

从这一讲故事的情态上，我们不难看到这个讲述者内心所蕴藏的快乐。

总之，正是因为西南联大学人具有从苦难中超拔出来的情怀，才使得他们不为世俗生活中的危险、困苦所羁绊，以宁静、超然的心态沉入师生安坐论道的世界中，并乐此不疲。

二、师生之间日常生活中的游谈的存在形态

西南联大师生日常生活中的游谈往往有两种形式：一是由明确的目的或任务引入的畅谈；二是没有明确目的或任务、触景而生的漫谈。在课外围绕毕业论文指导发生的畅谈，便是第一种游谈的代表。在这一活动中，教师在如何进行研究上的卓识，往往会在悄然间传递给学生。

闻一多与学生之间的这种畅谈便是显例。一名学生到闻一多的家中与其讨论毕业论文的写作事宜。这名学生说出了自己的打算：写中国文学中的人民性问题。有三个论题在他的考虑范围之内：一是中国文学史上的人民性，二是唐诗中的人民性，三是五四运动以来的新文学。听了这一学生的想法，闻一多笑着说："你的野心真不小，中国文学史上的人民性太广泛了，怎么集中呢？'五四'以来的新文学意义深远，但我们手边的材料不够用，再说你写得再好，也拿不出来(原文注：指论文审查)。将来再写，你会写得更完美的。那么，依我看现在最好是写唐诗，不过'人民性'这题目太显露，你看很多文章不是都讲什么'思潮'之类吗？我们也含蓄一点，就定为'唐诗中的文艺思潮'如何？"这名学生自以为完全领会了闻一多的意思，就回去做收集资料、拟写作提纲的事情去了。

一个月后，他写好了一份提纲，主要内容包括唐诗的渊源、它的流风所及的影响、各个作家的特点、作品的归类等方面。他拿着这份提纲去找闻一多。令他意想不到的是，闻一多一看这一提纲，脸色便沉下去，以严肃的口气对那名学生说："你，为什么也这样俗气？按这个提纲写下去，能符合我们原来的要求么？"随后，他便对学生的

提纲动了“大手术”。如何动“大手术”呢？首先在提纲的前面加一“序”字，意即须有一引言导入正题。其次，将第一大部分的标题改为“从天宝之乱谈起”，第二大部分改为“唐诗中的人民思想之成长”。在第二大部分下又分了甲、乙、丙三部分：甲部分是大历年间的元结与杜甫；乙部分是长庆年间的元稹、白居易；丙部分是晚唐的刘驾、聂夷中、曹邺。再次，将第三大部分改为“唐诗中的会社”，下面开列“军旅、妇女、农民、商人、知识分子”五个方面。最后，把原稿的二、三页都删掉，只保留一个“四”字，并写上“结语”二字。同时，他对这个学生说：“序和结语都不要太长，天宝之乱是主要一环，而具体地谈人民性应放在‘三’上，读全唐诗要特别注意晚唐。”指导性的意见谈完了，他的面色才转为慈和，用一种鼓励小孩子般的亲切语调说：“拿去，好好写吧！”（王子康，王康，1980：284-285）

从闻一多指导学生写作毕业论文的这一过程中，我们不难看到，西南联大的教师在指导学生做研究上是何等的全面、细致，又是何等的具有卓识。从大的方面来说，他主要是指导学生注意两点：第一，选题要有可行性。题目太大，缺乏驾驭的可能，不可取。另外，选择研究的题目时要考虑文化环境，尤其是政治环境是否允许，如果不允许，再好的题目也不能去做。第二，研究应有问题意识，紧紧扣住特定的问题进行研究与论文写作，不能游骑无归。这些虽不是什么高深的道理，但如非真正的过来人，是不可能有这样的识见的。从小的方面来说，闻一多把资料是否足以支持研究的进行、论文的标题如何设计才不至于让人难以接受、论文的序言与结语怎样来写等，都为学生考虑到了。这样的论文指导，也只有西南联大那些既具有高明的学术智慧，又对学生有着深挚爱心的学人才能做到。如闻一多这样的导师还有不少，兹再举一例。

吴宏聪在写本科毕业论文的时候选的课题是研究曹禺，导师是杨振声。当吴宏聪向杨振声请教毕业论文如何着手的时候，杨振声滔滔不绝地讲了很多东西。他先是从曹禺的家庭出身、教养和《雷雨》

《日出》的写作经过谈起，甚至把曹禺在四川戏剧学校与某女士谈恋爱的感情纠葛都谈到了。在此基础上，他在治学的大原则上对吴宏聪谆谆教诲："要了解作品，必须了解作家的生活和时代，不然，你就无法了解为什么他要写这样的作品和怎样去写这样的作品。"这是相当高明的原则性指导。直到现在，我们的学人还在大谈知人必须论世，文本研究必须以了解文本产生的生活、社会背景为基础等问题。杨振声在半个多世纪前就有此卓识，是相当不易的。另外，杨振声还具体指点吴宏聪：其一，《雷雨》的序和《日出》的跋都是"奇文"，写得特别长，要对读者讲的大多数话都在其中，要细读；其二，曹禺特别喜爱契诃夫的戏剧。因此，他在《日出》的跋中公开说，他愿意拜这位艺术大师为师，"低首下气地做个低劣的学徒"，故可以找几本契诃夫的剧作来读一读（西南联大北京校友会，2002：52）。建议细读《雷雨》的序和《日出》的跋，其实是在强调研究作家必须细读作家的核心文本；提议读契诃夫的剧作，意在从文学因缘的角度来理解作家与作品。这都是文学研究上的洞见。

从上面的例证可以看到，在毕业论文指导中，西南联大教师是抱着"要把金针度与人"的心态，毫无保留地把许多治学的指导性原则都传递给了学生。

除了毕业论文指导外，学生在面临人生的重大选择时，也会为之当面听取教师的意见，师生之间的畅谈往往由此而生。

社会学系的刘绪贻在四年级毕业时，就面临着痛苦的人生抉择。当时的西南联大社会学系教授陈达和在西南联大任兼职教授的费孝通都希望刘绪贻能够留在昆明，继续从事社会学研究。可是，刘绪贻当时的女朋友周世英已经在重庆盐务局工作，强烈要求刘绪贻去重庆工作。听从老师的召唤还是顺从女友的心愿，成为摆在刘绪贻面前的一道难题。为了解决这一难题，刘绪贻专门去找费孝通，与费孝通进行了一席恳谈。在这次恳谈中，费孝通结合自己的人生经历，推心置腹地跟刘绪贻说："爱情的事是暂时的，可以变化的，而学术事业则是长远的，甚至是永远的。"言下之意是劝导刘绪贻为了事业而舍弃女友。虽然刘绪贻最终经过思想斗争，没有听从费孝通的劝导，但这温馨的一幕，牢牢地镂刻在刘绪贻的脑海中，在他垂暮之年依然鲜活如昔（刘绪贻，2010：136）。

何兆武在大学时代曾经在人生的意义问题上面临艰难选择。他在阅读乌纳穆诺的《人生之悲剧的意义》一书时，书中的核心观点给他带来了很大的困惑。这一核心观点是，人生的意义是为了追求世俗的光荣。面对这一观点，他蒙蒙眬眬觉得其大有问题，需要更高的价值来超越之，但是，他自己又找不到更有说服力、更崇高的理念来替代它。于是，他就去找哲学家汤用彤，寻求汤氏的指点。汤氏给出的意见是，“人生的意义不是光荣，而是心灵的平静”（何兆武，2006：202）。从此以后，鄙弃所谓的世俗的光荣，追求个体心灵的平静，成为何兆武一直坚持的人生信条。

从上面两则典型史料可以看到，无论是在人生大的方向的选择上，还是在具体的人生困境的解决上，西南联大的学生都会怀着极大的信任，寻求教师的帮助、点拨。教师也都是敞开心扉，畅所欲言。这种畅谈之中氤氲的相互信任、亲密无间，对于学生开阔心胸、改变观念，能够起到特殊的作用。

除了由特定目的或任务引发的游谈之外，更为经常而广泛的师生之间的游谈，存在于教师与学生在日常交往中随机而生的、没有任何拘束的散漫的聊天。因教师或学生受日常生活中特定情境的触发，或教师随心而发，或学生随机发问，师生之间的漫谈便得以展开。这种漫谈，几乎每天都在教室里、茶馆里、宿舍里、操场上、弯弯曲曲的校园小径上发生着。

一般来说，这样的漫谈，往往是以教师对学生的谆谆教诲的形式存在的。在西南联大学子的回忆中，这样的例证可谓不胜枚举。

钱穆在西南联大上中国通史课时，星期五、星期六住在西南联大的宿舍，许多学生都去“拜谒、请益”，“学生们或坐床上，或倚壁而立。一些人方辞出，一些人又进去，常常络绎不绝”。对此，钱穆“毫无倦怠不胜烦之意”。在“请益”中，有的学生问的问题很浅，几乎没必要回答，但钱穆都一一认真解答。对此，钱穆十分信任的学生李埏十分不解，就问他为何如此。钱穆的回答是："你知道张横渠谒范文正公的故事吗？北宋庆历年间，范文正公以西夏兵事驻陕西。横渠时年十八，持兵书往谒。文正公授以《中庸》一卷，说：'儒者自有名教可乐，何事于兵。'横渠听了，翻然而悟，遂成一代儒宗。可见有时话虽不多，而影响却不小。"（中国人民政治协商会议江苏省无锡县委员会，1992：11）由此可见，钱穆之所以对任何一个求教的学子都毫无倦怠之意，是因为他对每位来访者都寄予厚望，希望他们都能经其点化而觉悟、成才。这恐怕也是西南联大教师的共同心愿。正是因为有着这样的殷切之情，西南联大的教师才不约而同地表现出对学生的诲人不倦。

沈从文家在呈贡县，每星期有两天住在西南联大宿舍，几乎从早到晚都有学生前去请教。当时的学生林蒲在晚年回忆这段岁月时深情地说："只要我愿意学习写作，那就随时随刻都能得到沈先生的热情的帮助。我当时在国内发表的文章，绝大多数都是经沈先生润色过的，至于我的稿子全篇被退回来让重写也是家常便饭。慢慢地，我发现了'从师问道鱼千里之乐'。没有沈先生的首肯，我对自己的习作就没有安稳过关的感觉。沈先生不善给人讲大道理，不太搬弄文艺理论，而以自己创作上的经验来循循善诱给人以启发。"（北京大学校友联络处，1988：115）"随时随刻都能得到沈先生的热情的帮助"虽是不无夸张之辞，但这正反映了沈从文的诲人不倦。

燕卜荪的住处则是学生学诗的"天堂"。穆旦、王佐良、赵瑞蕻、杜运燮等学生常常去找燕卜荪求教，在那里，他们"总是受到热情的接待"，不但可以"大谈奥登、布莱克"，还"可以抽烟，可以一块儿喝酒"。（杜运燮，周与良，李方 等，1997：172）

当然，除了教师对学生的和风细雨式的谆谆教诲之外，师生之间的漫谈以激烈争辩的形式存在的也不乏其例。

曾任清华大学党委书记的贺美英在回忆其父贺麟与学生交往的细节时曾说："经常有学生到家里来。他们高谈阔论。我是小孩，我不懂他们在争什么，但是不同的看法可以争论得很激烈，都是在做学问的这种精神。……后来我看到父亲的日记，说他经常和学生探讨人生、学问。这样的探讨，到家里来，就是平等的探讨。”（张曼菱，2013：167）从这则材料中我们可以看到，在贺麟与到他家中的学生纵论人生、学问之时，由于看法的不同，常常发生激烈的争论。

后来成为著名诗人的赵瑞蕻在回顾西南联大的学生生活时曾说：

> 1939年秋，有一天上午，我在联大租借的农校二楼一间教室里静静地看书，忽然有七、八个人推门进来，我一看就是算学系教授华罗庚先生和几位年轻助教和学生，我认得是徐贤修和钟开莱。这两位学长后来都在美国大学当教授，成了著名的学者专家。……他们就在黑板前几把椅子上坐下来，一个人拿起粉笔就在黑板上演算起来，写了许多我根本看不懂的方程式，他边写边喊，说：“你们看，是不是这样？……”我看见徐贤修（清华大学算学系毕业留校任助教的温州老乡，当时教微分方程等课）站起来大叫：“你错了！听我的！……”他就上去边讲边在黑板上飞快地写算式。跟着，华先生拄着拐杖一瘸一瘸地走过去说：“诸位，这不行，不是这样的！……”后来他们越吵越有劲，我看着挺有趣，当然我不懂他们吵什么。最后，大约又吵了半个多钟头，我听见华先生说：“快十二点了，走，饿了，先去吃点东西吧，一块儿，我请客！……”（赵瑞蕻，2000b）

在此，我们不难看到，师生在课外就学术问题畅所欲言时，作为名教授的华罗庚没有丝毫的架子，与学生争得可谓不可开交。

何兆武在其晚年回忆西南联大的文字中曾说过，理学院有一个姓熊的同学，特别喜欢和周围的师生争辩。在周培源给他们上力学课的时候，他经常在下课之后跟周培源论辩。周培源常常对这个同学说：“你根本就没懂！你连基本概念都没有弄通！”可是，这个同学总是不依不饶，依然与周培源争辩不休。在他们争辩的时候，还有很多人在听，以至于周、熊二人争辩，众多人围着听，都成了西南联大南区教室的一景了（何兆武，2006：112）。师生在公众场合的争辩居然能够成为大学里面固定的一道景观，可见师生之间的争辩在当时是何等的司空见惯。

总之，在课外，不论是在课余的教室里、校园的小径上，还是在教师的居室中，学生和教师都可以就人生、学术问题展开激烈的争辩。在这样的争辩中，所谓的师道尊严是不存在的，师生之间完全以平等的姿态畅所欲言。这样恣意畅谈的喷涌的激流与以教师对学生的教诲为外显形式的涓涓溪流，共同弹奏出一曲西南联大师生漫谈的华美动人的乐章。

三、师生之间日常生活中的游谈对学子的影响

（一）学术观念的传承

在西南联大师生之间的畅谈、漫谈中，教师的心态往往甚为放松。这一点，我们从一件逸事中不难看到。金岳霖在陈蕴珍等人组织的学术沙龙中聊天时，正谈到兴浓之时，突然停下来，说："对不起，我这里有个小动物！"说着，他把右手从后脖领伸进去，捉出了一只跳蚤。当学生在漫谈中问金岳霖为什么研究逻辑学时，他说："我觉得它很好玩！"（汪曾祺，1986）这里或许也有名士风流、不拘小节的因素在里面，但更可能的是，在这种非正式的"学术聊天"中，师生的心态非常放松，故可以"为所欲为，言所欲言"。如果在正式的课堂教学之中，恐怕再有魏晋风度的人，都不会在讲课时去捉跳蚤，也不会说研究逻辑学好玩这样有失体面的话吧。在心态非常放松的情况下，思维如天马行空，灵思源源不断涌出也是自然而然的事。因此，那些学者在这样的"神聊"中，往往是唾珠咳玉，学子们便常常可在看似漫无边际的闲聊中得到学术上的滋养。让我们通过下面的几条史料来考察这一点。

张世英经常到冯文潜家中请教进学之道，其中的一次交流，让张

世英一辈子都印象深刻。对于此次交流，张世英曾经这样说：

> 他特别嘱咐我，要我熟读柏拉图的《理想国》，他说："这才是西方哲学史上最最重要的必读之书，要像读《论语》一样地读。"我似乎感到我原来随手抓的那本巴克莱《人类知识原理》没有抓到点子上。我当时对西方哲学原著根本没有什么叫做重要什么叫做次要的观念。柳漪师还非常具体地教了我一套读《理想国》这样的经典著作的办法。他要我每读完一节或一章，就合上书本，用自己的话把原文的大意写下来，个人的心得和评论写在另一旁。他说："我看你的读书报告，首先是注意你自己的理解和概括是否与原文的原意相符合，但又不准你照抄原文，要你合上书本再写，尤其不要满纸都是自己的评论，实际上，却连原意都理解错了，弄得文不对题。"的确，我在写读书报告的过程中，有时自以为懂了，临到执笔，却又表达不出来，概括不起来，这时就会深切地认识到自己对原文还懂得不透，于是打开原书再看，再合上，再写，这样写完一次读书报告之后，原著的那一部分内容就不仅懂得比较透彻，而且也记得比较牢固了。实在不懂的地方，口头请教老师。这就更加终生难忘。柳漪师评阅时，既看我个人的评论，更着重在有失原意之处。他提醒我，基础性的东西，就得这样学。我当时暗想，老师有点"述而不作"，但后来每一回想，却越来越觉得从他那里学得的知识最准确，最熟透。巴克莱的《人类知识原理》一书的后面部分，我也是用他教我的这个办法来自学的。巴克莱的《人类知识原理》和柏拉图的《理想国》是我与西方哲学"初会"的两本原著，也是我读得最熟的两本西哲原著。怎样打基础？怎样做学问？我在这些方面深深受益于柳漪师。我希望现在的青年对于打基础的东西也不妨试用一下这个办法，或许苦一点，甚至会有人不屑于这样做，但等到年纪大了，我猜想会感到终生受用。（张世英，2008：33-34）

从这一忆念性文字中，我们可以看到，在冯文潜和张世英的交流中，冯文潜让张世英懂得了研究西方哲学要精读最基本的读物及读书时准确把握哲学原著精髓的方法。这些治学的根本性的原则与方法，对于张世英来说，是“终生受用”的。

历史系学生李埏常常亲近钱穆。有一次，李埏送钱穆返回住处。走在路上，钱氏于闲谈之中指示李埏治学之道，其大意是：“治史须识大体、观大局、明大义，可以着重某一断代或某一专史，但不应密闭自封其中，不问其他。要通与专并重，以专求通，那才有大成就。”（中国人民政治协商会议江苏省无锡县委员会，1992：13）这一教诲，成为李埏的治学指南。后来，他在宋史、地方史、经济史等多领域研究的基础上，才以经济史研究为专攻（陈友康，罗家湘，2003：313）。这正是对钱穆“先通后专”教导的践行。

刘叔雅在与吴小铃闲聊时，谈到《金瓶梅》的作者问题。刘氏认为：“《金瓶梅》是明代中叶一个北京作家写的。”他举出的证据有两条：一是小说里提到北京正阳门内的兵部洼。二是小说里把北京郊区出产的“伏地苹果”叫“虎拉宾”。这启发了吴小铃，使他认识到，即使作者不是北京人，也是一个对北京非常熟悉的人。这成为吴氏探究《金瓶梅》作者之谜的重要提示（云南省政协文史资料研究委员会，西南联合大学北京、昆明校友会，云南师范大学，1988：185）。

从上面的几个例证可以看到，这样的“学术聊天”，常常涉及的是研究、撰述等大的原则、取向，与系统、具体的内容和方法无涉。这既是这一学术传承途径的不足，也是它的优点。它的不足在于不能进行具体的内容和方法的呈现，充分展示某一研究领域的独特魅力，但由于它的随性随意、灵活多变，正可以对学生在治学观念上形成非常广泛的影响。这一点，是正规的课堂教学所不及的。毕竟课堂教学有着相对固定的教学内容，不可能漫无边际。因此，在西南联大学生看来，在这一“大课堂”中所获得的，比在课堂上还要多。如汪曾祺在提到沈从文对学生的影响时说："沈先生对学生的影响，课外比课堂上要大得多。"（汪曾祺，1986）李埏在谈到张荫麟时说："由于他诲人不倦，我感到课外从他得到的教益比在课堂上还多。因为在课堂上他是讲授专题，系统性逻辑性强，不可能旁及专题以外的学问；在课外，则古今中外无所不谈。"（周忱，2002：267）这些都应是实事求是的评价。

（二）品格的陶冶

师生之间日常生活中的游谈不仅能够对课堂教学形成一定的智性引导上的互补，在陶冶学生的品格上，更是发挥着重要作用。这首先表现在：西南联大教师将生命忘我地投入到探究自然、人生奥秘中的精神，在面对面的畅谈中对学生发生着强烈的"辐射"作用。用西南联大学生的话来说就是："我接触的老师，什么时候你见到他，你都觉得他是在思考问题。他的生活跟思考完全连在一起，并不是说上课是一副教书的样子，而是他什么时候都是这个样子。你跟他交流的时候，他就跟你谈有关的问题。"（张曼菱，2013：217-218）受他们这种精神的潜移默化，学生也形成了一种学问与人生合一的品格。在谈到这一点的时候，已经进入垂暮之年的著名诗人郑敏曾这样说：

> 我觉得西南联大的教育一个最大的特点，就是每个教授他这个人跟他所学的东西是融为一体的。因为在战争时期，我们都住得非常近，我经常在街上碰见那些教授，你会觉得他们走到哪都带着他的问题，他的人跟他的学问是合一的。这对我的熏陶极深，我就生活在一个浓厚的学者的文化艺术的氛围里面，这种无形的感染比具体知识的传授要大得多，像是注入了一种什么东西到我的心灵里面，以后我对艺术的尊敬，对思考的坚持，都是从这里来的。（郑敏，2004：269-270）

正是因为西南联大学生具有学问与人生合一的品格，所以，他们才将“真正潜心学术的人是要把生命放进去的”（《朱德熙先生纪念文集》编辑小组，1993：15）奉为自己的人生准则，几十年如一日地沉浸在一个又一个宇宙、社会、人生的“真问题”中，并为解决那些“真问题”而不懈努力。

王瑶便是这样的一个典型。他之所以能成为著名的现代文学研究专家，与其“几十年如一日地时时刻刻都处在‘学术研究状态’中，连平时看报、听戏、看电影都能随时赋予他学术的灵感”（钱理群，1997：49）有着密切关系。据曾经协助王瑶写作《〈故事新编〉散论》的钱理群说，王瑶为研究《故事新编》积累的材料，“有的是剪报，有的是正规的卡片，有的竟是香烟盒、旧日历；上面或密密麻麻地抄录着原始材料，或歪歪斜斜地写着三言两语偶尔掠过的思考，有的就只有有关材料的出处；再仔细看，这些纸片的时间跨度竟长达几十年”（钱理群，1997：49）。如不是将学问融入日常生活之中，是不会有这样的情形出现的。

著名的哲学史家张世英也是如此。他在接受记者采访时，记者问：“张先生会觉得生活孤单寂寞吗?”他的回答是：“我一点都不寂寞，我是一个问题接一个在考虑。……我的新书《哲学概论》把我最近一二十年的东西总结了一下。我在想下一步干什么，想向美学伸展，写一个系统的东西，希望自己的哲学有体系而又不是概念化的。他们都说我的哲学已经成了体系，但我自己还很不满意。我很少一个人在家闲坐，总是看书或者写文章。一离开书桌，我就去周围公园散步。哲学和散步都不误，散步时还想哲学问题。”（张世英，1998：325）“一个问题接一个在考虑”与“散步时还想哲学问题”，正是他将学问融入生命、不倦探索的最好表白。

学问与人生合一的品格对于学者的治学来说固然重要，但是，在学术工作中要抱持家国天下情怀、坚守独立精神等品格，更不可等闲视之。在这些方面，西南联大的教师也在日常的漫谈中对学生产生了深刻影响。

郑临川在上闻一多的“楚辞”课时，听说闻一多特别喜欢奇谈怪论，所以，在写作课程结业论文时，力图通过自己的努力，证明历史上的屈原其人是不存在的。这可谓极其大胆、新异之论。为此，闻一多专门约郑临川去家中畅谈。在畅谈中，针对郑临川课程结业论文中企图否定屈原存在的取向，闻一多特别严肃地说：“否认屈原的存在，对于抗战有什么好处呢？要记住，做学问不是为了自我表现，是要为国家民族的生存和进步作出有益的贡献呵！”这一席话使郑临川“羞愧万分”，受到了“深刻教育”。（闻一多，2014：代序2-3）在这里，闻一多对郑临川的谆谆教诲突出强调的是，做学问不是为了满足小我的私利，而是为了国家、民族的大利与大义。

郑临川在旁听罗庸的唐诗课时，交了一份作业，引起了罗庸的注意。有一天，罗庸专门约见郑临川。于是，郑临川与一位同学一起，去罗庸的家中拜访。从郑临川的作业所反映的信息中，罗庸知道了郑临川的家乡是湖南，且“身世孤贫”。因此，罗庸特别在漫谈中一再称赞湖南的先哲们对中国近世政治、文化所做的重要贡献，并特别告诉郑临川：今后一定要好好精读《船山遗书》，学习王夫之在民族危急存亡的关头，毫不灰心丧志，在万分艰苦的环境里为未来复兴大计发奋著书的治学精神（罗庸，2014：代序2）。与闻一多对郑临川的教诲相比，罗庸的教导更有针对性。在抗日战争时期，对于国家的存亡，不少人是持悲观论调的。为了防患于未然，罗庸特别教导郑临川，要他勇于继承乡贤的精神，在极端艰难的环境下，决不灰心丧志，立志为国家的复兴积累学术资粮。一片苦心尽在其中。

在本科毕业时，吴宏聪选了杨振声做自己的毕业论文指导教师。二人商定，将研究曹禺作为毕业论文的选题。题目商定后，过了很长时间，吴宏聪都没有把成文交给导师。于是，杨振声便约吴宏聪面谈。通过当面交流，杨振声这才知道，原来吴宏聪担心自己的观点与导师的观点不尽一致，怕在导师那里通不过，故迟迟不敢上交论文。对于吴宏聪的这一顾虑，杨振声很明确地说：只要认真研究，掌握原始材料，言之成理，持之有故，尽可写成论文。师生完全一个样，学术怎能发展？学术面前，只重证据，不论资格。后来吴宏聪成了中山大学的名教授，经常以此精神教导学生（任继愈，2010）。杨振声对吴宏聪的这一番教导集中想要表达的意思是，做学问要坚持独立精神，唯真理是从，决不能唯师是从。

综上所述，西南联大的教师在与学生恳挚的游谈中，不但将学问与人生合一的品格植入了学生心中，还将学者必具家国天下情怀、必须坚守独立品格等德性，镂刻在学生的心灵深处。这对于西南联大学生以阔达的胸襟独立治学，几十年如一日地不懈投身学术，最终成为一流学者、国之栋梁，具有重要的支撑作用。

总之，在西南联大，几乎每一个学术、人格上具有一定魅力的学人都有一大批探求人生与学术之道的学生在追随。他们在一起海阔天空地聚谈，使幽僻的校园小径、蛰居的斗室、人声嘈杂的茶馆、风景优美的林泉，都成为另外一个大课堂。在这个大课堂上，教师们以其深挚的仁心、深厚的学术功力与飞来的灵思点燃了学生心中的智慧之灯，塑造了学生的高贵品格。对于西南联大学生的成人、成才来说，这些影响都是深刻而久远的。

参考文献

北京大学校友联络处，1988. 笳吹弦诵情弥切：国立西南联合大学五十周年纪念文集［C］. 北京：中国文史出版社 .

陈友康，罗家湘，2003. 20 世纪云南人文科学学术史稿［M］. 昆明：云南人民出版社 .

杜运燮，周与良，李方，等，1997. 丰富和丰富的痛苦：穆旦逝世20周年纪念文集［C］. 北京：北京师范大学出版社 .

何兆武，2006. 上学记［M］. 北京：生活 · 读书 · 新知三联书店 .

贺麟，1931a. 德国三大伟人处国难时之态度［N］. 大公报 · 文学副刊，1931-10-26.

贺麟，1931b. 德国三大伟人处国难时之态度［N］. 大公报 · 文学副刊，1931-11-02.

刘培育, 1995. 金岳霖的回忆与回忆金岳霖［M］. 成都：四川教育出版社 .
刘绪贻, 2010. 箫声剑影：刘绪贻口述自传［M］. 桂林：广西师范大学出版社 .
罗庸, 2014. 罗庸西南联大授课录［M］. 北京：北京出版社 .
钱理群, 1997. 世纪末的沉思［M］. 石家庄：河北人民出版社 .
钱穆, 1948. 国史大纲［M］. 上海：商务印书馆 .
清华大学校史编写组, 1981. 清华大学校史稿［M］. 北京：中华书局 .
清华大学校史研究室, 1994. 清华大学史料选编［M］. 北京：清华大学出版社 .
任继愈, 2010. 抗战时期西南联大散记［J］. 江淮文史（6）：69-75.
田亮, 2005. 抗战时期史学研究［M］. 北京：人民出版社 .
汪曾祺, 1986. 沈从文先生在西南联大［J］. 人民文学（5）：120-123.
汪曾祺, 1998. 汪曾祺全集：四：散文卷［M］. 北京：北京师范大学出版社 .
王瑶, 1936. 关于第四十五卷周刊［J］. 清华周刊（1）：1-5.
文集编撰委员会, 1999. 一代宗师：曾昭抡百年诞辰纪念文集［C］. 北京：北京大学出版社 .
闻一多, 1986. 闻一多书信选集［M］. 北京：人民文学出版社 .
闻一多, 1994. 闻一多全集：第 12 卷［M］. 武汉：湖北人民出版社 .
闻一多, 2014. 闻一多西南联大授课录［M］. 北京：北京出版社 .
王子康, 王康, 1980. 闻一多纪念文集［C］. 北京：生活 · 读书 · 新知三联书店 .
吴宓, 1998. 吴宓日记：第 7 册：1939—1940［M］. 北京：生活 · 读书 · 新知三联书店 .
西南联大北京校友会, 1996. 国立西南联合大学校史：1937 至 1946 年的北大、清华、南开［M］. 北京：北京大学出版社 .
西南联大北京校友会, 2002. 西南联大北京校友会简讯：第 32 期：庆祝西南联合大学成立 65 周年纪念特辑［Z］. 北京：西南联大北京校友会 .
夏晓虹, 1999. 季镇淮先生纪念集［C］. 北京：北京大学出版社 .
云南省政协文史资料研究委员会, 西南联合大学北京、昆明校友会, 云南师范大学, 1988. 云南文史资料选辑：第三十四辑［C］. 昆明：云南人民出版社 .
张奠宙, 王善平, 2004. 陈省身传［M］. 天津：南开大学出版社 .
张曼菱, 2007. 西南联大人物访谈录［M］. 昆明：云南教育出版社 .
张曼菱, 2013. 西南联大行思录［M］. 北京：生活 · 读书 · 新知三联书店 .
张世英, 1998. 北窗呓语：张世英随笔［M］. 北京：东方出版社 .
张世英, 2008. 归途：我的哲学生涯［M］. 北京：人民出版社 .

赵瑞蕻，2000a. 离乱弦歌忆旧游：从西南联大到金色的晚秋：文学回忆录［M］. 上海：文汇出版社.

赵瑞蕻，2000b. 离乱弦歌忆旧游：纪念西南联大［J］. 新文学史料（2）：131-143.

《朱德熙先生纪念文集》编辑小组，1993. 朱德熙先生纪念文集［C］. 北京：语文出版社.

郑敏，2004. 思维 · 文化 · 诗学［M］. 郑州：河南人民出版社.

中国人民政治协商会议江苏省无锡县委员会，1992. 钱穆纪念文集［C］. 上海：上海人民出版社.

周忱，2002. 张荫麟先生纪念文集［C］. 上海：汉语大词典出版社.

心传与文授：营造匠人的学习生活

Enlighten by Koan & Instruct by Text: Architecture Craftsmen's Learning Life

吴旻瑜（Wu Minyu）
华东师范大学教育学部
Faculty of Education, East China Normal University

内容提要：营造匠人是中国古代专门从事建筑建造的手工艺人。由于中国古代建筑在结构与材料上的特殊性，中国古代营造匠人承担着建筑设计、施工、管理等多方面的职能。中国营造匠艺由绘画、算诀、术数、典章与手艺等构成，其内涵之丰富早已超越了通常所说的"手艺"范畴。庞大的营造匠艺体系的学习旷日持久、形式多样，早已超越了通常所说的"师徒制""学徒制"范畴。营造匠人的学徒期有其严谨的架构。但"满师"之后的自我学习才是其能否一路向上的关键。"钞本""秘笈"的大量存在，一方面表明了营造匠人学习方式的多样性与学习过程的长期性，另一方面也说明了营造匠人对学习、对教育的重视。

关键词：心传；文授；营造匠人；学习生活

Abstract: The architecture craftsmen are handicraftsmen who specialize in building construction in ancient China. As the particularity of ancient Chinese buildings in the structure and materials, the ancient architecture craftsmen of China undertake multiple responsibilities including architectural design, construction, management, etc. The painting, the arithmetic, the shu-shu, the ordinances and the technical craftsmanship constitute the Chinese architecture craftsmanship in late pre-modern times together, which is far more beyond the current usual definition of "craftsmanship". The learning process of the huge architecture craftsmanship system is long lasting and highly diversified. It's much more than the so-called "mentoring system" and "apprenticeship system". The architecture craftsmen's "period of apprenticeship" has a strict framework. But the self-learning after "finishing apprenticeship" is the key to the success. The existence of many "hand-copied books" and "secret books" explains the diverse learning ways and long-term learning process of architecture craftsmen on one hand, and shows their attention attached to learning and education on the other hand.

Key words: enlighten by koan; instruct by text; architecture craftsmen; learning life

今天，我们通常把手艺工人统称为匠人，或把工与匠等而视之，但这与匠人的原初意义是有出入的。《说文解字·匚部》释曰："匠，木工也。从匚从斤。斤，所以作器也。"《说文解字注》中的注解是："匠木工也。工者，巧饬也。百工皆称工，称匠。独举木工者，其字从斤也。以木工之称引申为凡工之称也。"（许慎，1981：635）但将匠人仅仅理解为"木工"恐怕是不确切的。按《考工记·总叙》的说法，"国有六职，百工与居一焉……审曲面埶以饬五材以辨民器，谓之百工"（闻人军，2008：1），"凡攻木之工七，攻金之工六，攻皮之工五，设色之工五，刮摩之工五，抟埴之工二……攻木之工、轮、舆、弓、庐、匠、车、梓"（闻人军，2008：10），可见"匠人"只是"百工"之一，且只是七种"攻木之工"中的一种。《考工记》

则说，“匠人建国……匠人营国……匠人为沟洫”，可见匠人的主要职责是选择城池、宫室的地理位置（即所谓“建国”），建造城池、宫室（即所谓“营国”），修建沟洫等农业水利工程（即所谓“为沟洫”）。从这个角度看，“匠人”最初实际上就是“营造工匠”的意思。但随着历史的发展，本来作为下位词的“匠”逐渐与上位词“工”合流，遂有工匠并称。到了元代，随着匠籍制度的出现，“工”与“匠”又再次分流，有了“工在籍谓之匠”（何庆先，2003：42）的说法，也就是说只有在匠籍的“工”才被称为“匠”。到了清代，随着匠籍的废除，“工”“匠”两词又再度被等量齐观，也就形成了今日意义上的“工匠”概念。本文所谓的“营造匠人”与“匠人”一词的原初意义相当。

陈耀东在《〈鲁班经匠家镜〉研究》一书中曾指出：“民间工匠都是父子或师徒传承，在长期的施工实践中进行技术传授的。具体内容有祖传抄本（又称秘本）和口传做法规矩两个部分。”（陈耀东，2010：127）实际上这里指出的是营造匠人学习的“心传”与“文授”两种模式。在本文中笔者将分别从这两种模式入手，阐述近世营造匠人的匠艺习得过程。

一、“学生意”：营造匠人的学徒生涯

拜师学艺，在近世苏州民间称作“学生意”（李嘉球，1999：103），营造匠人的学习也是“学生意”。中国古代的工艺技术传承，无不是靠这种师徒制的方式来进行的。各代正史《职官志》对于这种师徒相授的教育制度虽也有涉及，但主要是对“官匠”教育制度进行简单记录。如《新唐书·百官三》记录了各工种“官匠”的教育时长和考查方式：“钿镂之工，教以四年；车路乐器之工，三年；平漫刀稍之工，二年，矢镞竹漆屈柳之工半焉；冠冕弁帻之工，九月。教作者传家技，四季以令丞试之，岁终以监试之，皆物勒工名。”（欧阳修，宋祁，1975：1269）但此类文献对于具体的教授方

式却鲜有提及，有关民间匠人教育方式的记载更是阙如。而古代对于营造教育的记录就更少，《宋史·职官志》虽然记录了“土木工匠”以“法式”传授为核心的教育内容——“庀其工徒而授以法式，寒暑早暮，均其劳逸作止之节”（脱脱 等，1977：3917），但并未提及具体如何传授。要完全从文献典籍之中获知传统营造匠人的教育活动看来并不可行。

在当代虽也有众多传统建筑的“传承人”活跃于建筑设计、施工一线，但他们的学习经历与其前辈相较也有极大的差异。沈黎曾对第一批国家级非物质文化遗产名录中的“香山帮传统建筑营造技艺”的代表性传承人薛福鑫和陆耀祖进行过调查访谈。薛福鑫，1928 年生，擅长“砖细活”；10 岁起就先后跟随哥哥薛鸿兴，舅舅朱祥庆、朱富庆，孙春宝，孙新斋以及苏州著名匠人李秀庭学习匠艺，后还随雕塑名家颜根大学习泥塑，随山水画家王子振学画；20 世纪 50 年代还上夜校学习设计画图（沈黎，2011：99-106）。虽然薛福鑫是依靠“学生意”成长起来的，但由于学艺生涯受战乱波及（抗日战争中薛福鑫不得不改换门庭投入李秀庭门下），其学习经历较前辈已有所不同。如果说薛福鑫还算是旧式匠人系统培养出的传统营造匠人的话，那么陆耀祖的教育经历与其前辈相较就可谓大相径庭了。陆耀祖，1949 年生，出身于营造匠人世家，其父陆文安是苏州著名营造匠人；接受过正规学校教育，大专学历，高级工程师（李洲芳，2014：117）。陆耀祖 16 岁跟随父亲学习木工，后进入吴县建筑公司，学会了现代钢筋混凝土建筑的设计和施工，把钢筋混凝土仿古技术运用得非常娴熟。而当下在苏州从事古建行业的年轻一辈在严格意义上已不能称为营造匠人，他们多从正规建筑院校毕业，主要从事设计和管理，对于古建筑的很多“规矩”都不懂了，而且也不肯学（沈黎，2011：99-106）。要完全通过匠艺传承人厘清传统营造匠人的教育活动看来也不可行。

要呈现和还原传统营造匠人学徒生涯的全貌，还需要从各种文本中爬罗剔抉、沙里淘金。笔者发现，由于长期以来受工匠群体地位及其本身文化水平所限，对其经历的记载文献少之又少，任何一行各自的文献材料都不足以完全还原该行业工匠的整体生活样貌，但比较各行却又能发现许多共性。因此，笔者所还原的营造匠人学徒期学习生活，以苏州香山匠人为蓝本，借鉴了近世诸多其他行业与近邻日本营造匠人的学徒材料。

与今日学校教育不同，包括近世营造匠人在内的传统工匠群体在其学徒期内并没有学习严格的“课程”，学习活动似乎因高度融入生产活动之中而显得杂乱无章。工匠的学徒生活是不是真是这般“无章可循”？在福建营造匠人中流传着一则有关鲁班学艺的故事，大意是鲁班往终南山向木匠仙师学艺，仙师在考察其学艺诚意后同意收他为徒，但应允后却并未立即着手传其技艺，而是先让其磨锈了500年的工具，继而让其学砍大树，再让其学习刨圆和凿孔。在鲁班花了将近半年的时间凿了圆孔、方孔、斜孔各108个后，木匠仙师又让鲁班花了三年四个月参看、拆装各式建筑的模型。当鲁班完成这些“任务”，向仙师要求进一步学习技艺时，仙师却认为其手艺已成，让其下山（张玉瑜，2010：5）。这虽是则故事，但在其他营造匠人群体中也广为流传。从这则故事中我们大致可以得出这样一些信息：第一，营造匠人的学徒生涯大致可以分为拜师（如鲁班投入仙师门下）、磨心（如仙师考验其诚意）、识器（如仙师让鲁班磨工具）、辨材（如鲁班学砍大树）、习艺（如鲁班学习刨圆和凿孔，参看各种模型）、满师（如鲁班学成下山）六个阶段；第二，在营造匠人学徒期间，学徒的“学”远比师父的“教”重要。这并不仅仅是传说，对照各种材料，我们可以发现近世中国营造匠人甚至日本营造匠人的学徒生活都有此特征。

（一）拜师

苏松地区自古以来就是鱼米之乡，但香山却是例外。根据清徐翥先撰写的《香山小志·物产》记载：“香山一区背穹隆而面太湖，田不甚多。”（徐翥先，2008：96）手工业因此就成了明清时期当地民众谋生的主要手段，而从事营造业的人数更是在其中居于首位："香山梓人、圬者居十之五六。又有雕工，专将竹根、竹节、黄杨、紫檀，以及象牙、牛角、桃核、橄榄核刻山水、人物、花卉、鸟兽等玩品，精巧有致，雅俗称赏。织工居十之三，所产花素摹本缎及家用丝绸。籐工不及之一，制籐枕、籐榻、籐椅等器。"（徐翥先，2008：96）可以说，香山匠人这一群体的出现与传承某种程度上是因生活困窘：他们"都系家境贫困的农家子弟，其中除极少数勉强上过几年私塾外，绝大多数是文盲，在农业收入不能维持生计的情况下，为了学点看家本事，挣点活络铜钿从而拜师学艺，当上了'农忙务农，农闲务工'的泥水木匠"（吴县政协文史资料委员会，1993：101）。对于成员成为工匠，近世家族的态度是积极的甚至有所资助，如安徽祁门彭氏宗族就规定："子孙始习业而无力者，由户报明，助钱四千文，备置铺陈。进店后至写关书，由户查明，本店人作保，再助钱十千文，仍将关书送验发还……习业已成，助钱四千文，以示鼓励。"拜师是营造匠人接受教育的第一步，也是营造匠人从业的伊始。在中国传统社会中，如果没有接受过经过认定的技艺训练与教育，个人是不被准许从事相关职业的。乾隆五十二年（1787 年）《长沙衬铺条规》规定："店家带徒弟，三年未满，设席出师，倘年限未满，同行不得雇请。"（彭泽益，1995：350）道光十一年（1831 年）《长沙明瓦店条规》则载："外行入帮，均要学习三载，香钱酒席诸章照旧。如未学习手艺者，均不许入帮。"（彭泽益，1995：406）师父收徒弟也有限制，如嘉庆十三年（1807 年）所订立的《渝城胰染绸绫布匹头绳红坊众艺友师等公议章程》规定："每家铺户以三年兑期招学徒一个，出师之时，方才□接速覆招学徒一个。如果重招，罚戏一台，治酒田席，务要将重招之徒开销出铺。倘若同铺内师友循私不报，察出罚银，如会不得紊乱章程。"（彭泽益，1995：536）这样的规定至少在清代已是相当普遍（虽然笔者并未在营造业相关史料中查到此类规定，但推而想之，应是如此）。

香山学徒入门的年纪一般在十二三岁，"说是这段年龄头脑聪敏，手脚灵活，比较听话，易于管教”（吴县政协文史资料委员会，1993：101）。在香山营造匠人群体中父子、师徒、舅甥结成师徒关系的不在少数，但常见的还是经中间人介绍形成的师徒关系。师父目测并同意收徒后，先要试用一段时间，短则三个月，长则半年，然后才能写“规书”，正式确立师徒关系（李嘉球，1999：104）。规书是以制约学徒为目的的一种契约，其内容大体如下：

> 立规书人某某某（即学徒姓名）经×××保荐，拜某某某为师，为期×年。在此期间，自当勤奋学艺，尊师听命。若有工伤不测等情，生死自由天命，与师无涉。若外逃走失，半途而废，均由中保人负责。恐后无凭，特立此据存照。
>
> 学徒父母　某某某　画押+
>
> 中保人　某某某　画押+
>
> ×年×月×日

（吴县政协文史资料委员会，1993：102）

学艺立约，至少在清代甚为流行，清代王相汇选的《增订世事元龙通考》就刊载了乾隆时期拜师学艺的两份“格式合同”：

> 清乾隆时学艺文约式之一
>
> 立投师学艺人某人，今因无艺资生，凭亲长说合，投到本师某名下学某行手艺。当日三面而定，学至几十个月为满。艺成，治备酒礼谢师。自学之后，听凭师长教训。如有懒惰误事，听凭本师责治无辞。今欲有凭，立此投师文约存照。
>
> 乾隆　　年　　月　　日
>
> 立投师文约花押
>
> 父兄　押
>
> 中亲　押

清乾隆时学艺文约式之二（斯文贵重手艺用此）

立盟书某人，今有子侄某名，央托亲友说合，拜从某老师门下习学某行手艺。三面而定，学习三年为满。艺成之后，置酒席，备谢礼若干，不致欠缺。入门遵依本师教诲，用心精艺，不得违拗、疏旷、怠惰。如有旷闲，按日补艺无辞。今欲有凭，立此关书存照。

乾隆　　年　　月　　日

立关书某人　押

父兄某人　押

弟子某人　押

亲友某人　押

（张传玺，2014：1800）

规书基本确定了师徒双方的基本权利、义务，学习时限及“违约责任”。此外，从几则规书可以看出，传统营造匠人学艺需有中间人作保（此中间人即为第一则规书中的“中保人”、第二则规书中的“中亲”、第三则规书中的“亲友”），此中间人除介绍师徒双方相识、相认外，更重要的是承担学徒方面的担保责任。一旦师徒关系正式确立，中间人则要对学徒在学艺期间的一切行为负全部责任。“如果由于学徒某些行为不当给师父造成经济或其他方面的各种损失，在学徒无力赔偿的情况下，则由‘中保人’代为赔偿。”（吴县政协文史资料委员会，1993：101）

订立规书的当天，要举行拜师仪式，李嘉球详细描写了过去所知的香山匠人的拜师仪式：“办酒席，一般在学徒家中举行，如果学徒家住房条件不宽敞，也可以在师父开设的作坊、营造厂或师父家中举行拜师仪式：客堂中间置一张长方桌子，桌上放一些花生、柿饼、枣子之类的果盘，桌前点燃一对大红蜡烛，桌子前面端放一把靠背椅（又称太师椅），靠背椅前方地面铺一块红毡毯。拜师开始，徒弟先在行业祖师鲁班的供位前下跪三叩头，然后向端坐在靠背椅子上的师父下跪三叩头。如果拜师仪式在师父家中举行，学徒还须提起红毡毯走到师母面前下跪三叩头。拜师仪式结束后，就摆开酒席，俗称‘拜师酒’。酒席多少则根据师父的社会关系多寡而定，少则一二桌，多则五六桌，费用当然由学徒父母承担。酒席结束时，学徒的父母要送礼品和用红纸包的礼金孝敬师父，从此就算正式确立了师徒关系。”（李嘉球，1999：104）师父收徒弟礼金并不仅限于香山匠人群体，张玉瑜发现在福建大木匠师群体的拜师过程中也存在类似的风俗：“拜师时有‘拜师礼’之礼数，实则等于学徒期间食宿交通的生活费。”（张玉瑜，2010：5）

香山营造匠人学徒期间，师父只供吃饭，不发工资。少数心地宽厚或经济条件较好的师父则按月发给学徒少量“月规钿”，或称“剃头钿”“鞋袜钿”，有的一年给学徒做一套短衫裤子，学徒过年回家时则发给较多的零花钱，俗称“过年盘缠”。如果学徒随师外出造房建屋，当工程进入架梁阶段时，则往往能从东家处得到一点赏钱，俗称“利事钿”。匠人在学徒期间没有固定的例假，也不能经常回家，只是在农忙季节经师父同意方可回家帮几天忙。此外，农历过年又逢建筑淡季，学徒一般都能回家住上十天半月（吴县政协文史资料委员会，1993：101）。福建营造匠人的学徒情况大体类似（张玉瑜，2010：5）。

（二）磨心

营造匠人入门之后就开始了与师父和师兄同吃、同住的学艺生涯，但他们似乎都要经过一段“帮佣”时期。根据李嘉球的调查，香山匠人学徒的年限一般为三年，而实际上真正学徒学技的时间还不到一半。因为按照传统习俗，学徒进了师父门后，首先是帮师父做家务打杂差，直到师父又招了新徒弟，根据“先进山门为大”的惯例，才能摆脱杂务（李嘉球，1999：104）。福建营造匠人群体也有类似的传统，“资历最浅的徒弟还需负责整个工作团队的伙食与洗衣等杂务”（张玉瑜，2010：6）。其他行业学徒也同样如此，山西商人保存下来的炳记《贸易须知》有详细记载："学小官，清晨起来，即扫地、撣柜、抹桌、□椅、添砚池水、润笔、擦戥子、拎水与人洗脸、烧香、冲茶，俱系初学之。"（张正明，1995：336）

学艺伊始就要做诸如买菜、做饭、打扫、倒水、扛木等"帮佣"差事似属糟粕，但这些"糟粕"对营造匠人学徒而言却有其重要意义。一是使学徒学会忍耐。从本质上来说营造匠人是为业主服务的一种职业，尤其是在传统社会中社会地位低下，加之工作辛苦，忍耐就成为营造匠人必备的一种品质。二是使学徒更有条理。营造匠人的工作强调条理与步骤，日常生活的有序安排对这种条理性的磨炼大有裨益。三是使学徒体验营造现场。营造工作千头万绪，营造匠人手艺全赖实操，讲授难以有效达成既定目标，学徒非得在现场实境中充分感知才能初步体认匠艺特征。实际上扛木、倒水、打扫这些学徒必须经历的"帮佣"差事让学徒有了近距离观察前辈营造匠人实操、体验匠艺实境的机会。四是使学徒学会协作。营造是一项需要高度协同合作的工作，传统营造工程往往由一个技术出众的、能够承接到工程项目的老师父当"作头"。"作头"根据工程大小及进程的需要，择优聘请一定数量的人员，组成一支临时的施工队伍，一旦工程结束，队伍随之解散，人员各奔东西。虽然施工队伍是临时组建的，但并不随意，往往有一定的相对稳定的基本骨干、老搭档，彼此技术本领相当，性格合得来，配合能默契。这种协作模式比较松散，没有成文的规章制度加以约束，更多的是依靠营造匠人对生产习俗的遵守、营造匠人之间的彼此尊重和配合以及在此基础上形成的"心照不宣"，尤其老搭档的形成更是需要长时间的磨合。事实上，习俗几乎弥散于生产过程的方方面面，需要营造匠人在生产过程中逐渐领会把握，现场"帮佣"的方式能够帮助学徒迅速地在实践中体会与习得习俗。这类习俗不胜枚举，也只有在施工现场通过实践才能一一体会。这种"帮佣"经历使得学徒在其技艺生疏时就能以一种恰当的方式进入现场、观摩技艺、体认规矩、磨炼心性，当然并不是所有学徒都能忍受得了这样的"考验"。由于没有"入学考试"，"帮佣"时间从某种意义上讲也就成了学徒的“试用期”。

（三）识器

前文所引鲁班学艺的故事中，木匠仙师在考验鲁班学艺决心后，所传第一项本领是让鲁班打磨锈了500年的工具，这深刻反映出营造匠人与工具之间的紧密关系，也反映出营造匠人对工具的重视。根据香山习俗，在学徒学成“满师”之后，师父要送给学徒一套基本工具（吴县政协文史资料委员会，1993：101）。凡此种种可以说明工具在营造匠人心中的地位早已超越了谋生、技艺的层次。

工具的发展是古代建筑发展与演变的一个最为直接和重要的推动力，而“建筑技术及社会实践的需要，又反作用于工具，迫使工具进行革新和改进，以提高劳动效率或技术精度，从而带来相应的加工技术的进步”（李浈，2015：3）。每一个营造匠人尤其是那些高明的营造匠人，为了自身实践的需要都会对工具进行一定的改进，从这个意义上来说中国传统建筑工具可以说是无穷无尽，仅《营造法原》中记录的木作工作器械就有42种。尽管此42种工具非常繁杂，但大致可以分为伐木工具（如斧等）、解斫工具（如锯等）、平木工具（如刨等）、穿剔工具（如凿、钻等）、测量及定向工具（如尺、墨斗等）、其他工具（如锤等），其他大木匠作系统的工具虽有些许变化，但也大体如此。

营造匠人的手艺，从本质上来说就是其运用工具的能力，表现为人（营造匠人）、器（工具）、材（材料）、物（产品）四者的统一，而器无疑是联系人、材、物的纽带，识器、用器进而娴熟于器是一名营造匠人的手艺的基础。福建大木匠师学艺初期，“学获的是一般木工的基本功，如刨、凿等技术以及对工具的掌握能力”（张玉瑜，2010：6）。磨刃具是掌握工具使用能力的第一步，这种习惯在日本的营造匠人群体中保持至今。在传统营造匠人看来，打磨工具一是有助于体现营造匠人对自身职业的尊重，“工具就是匠人的脸，匠人的水平体现在工具上，所以大家都会用心地磨”（西冈常一，小川三夫，盐野米松，2016：160）；二是有助于营造匠人改掉身上的陋习，营造过程是枯燥的、艰苦的，需要匠人有足够的耐心和意志力，打磨刃具实际上就是在帮助学徒改掉身上的“癖性”；三是有助于营造匠人检视自身的技艺，“一磨就知道了，为什么我的刀刃总是往右偏呢？发现这个毛病以后，我们会用力把往右偏的往回扳”（西冈常一，小川三夫，盐野米松，2016：162）。让学徒磨工具实际上是使学徒“识器”，是使学徒了解工具特性的一种有效手段。

（四）辨材

梁思成《中国建筑史》曾阐述过中国传统建筑的四点结构特征：一是以木料为主要构材，二是历用构架制之结构原则，三是以斗拱为结构之关键，四是外部轮廓之特异（梁思成，2001a：7-8）。可见木材在中国传统建筑中处于核心位置。识材、鉴材、选材是营造匠人的基本功，鲁班学艺故事中“学砍大树”一段实际上是营造匠人学习识材、鉴材、选材的隐喻。《鲁班经匠家镜》将入山伐木列为造屋第一步（午荣，2003：1），张玉瑜的调查也表明“以前大木匠师购料大都亲自上山看料”（张玉瑜，2010：131），但随着经济社会的发展、分工的细化，到了明清时期，江南等发达地区的营造匠人大多选择由当地木行提供的“二手货”。《江苏省明清以来碑刻资料选集》收录的康熙二十二年（1683年）“苏州府规定采买架木桩木皇木地区办法碑”就显示了清康熙时期苏州木行业的繁盛（江苏省博物馆，1959：90）。《营造法式》录有“选木围梁”歌诀，实际上反映的也是营造匠人赴木行挑选木料的经验总结。到了现代，木料的取得大多通过木材场，采买木料的事宜大多由业主自行承担，大木匠师不再掌握原料的质量，只需制作，“这些变化对木料的质量产生了影响，也间接地影响了木构建筑的质量”（张玉瑜，2010：128）。

木行选木与山林选木有着根本的不同，木行所提供的木材已经砍伐，部分木料甚至已经裂解，营造匠人可以清晰地看到木料的内部纹理，更易挑选，但缺点是由于无法确知该木料来自树木的哪个部分、生长环境如何，就会影响营造匠人对木料质量的判断，“昔日要求中脊与灯梁一定要买头段（紧靠树头之下半段木料）；主受力构件如大通也要头段木头才可”，但后来，由于“不去看山，买二手货”，“大木匠不再掌握木材的质量”。（张玉瑜，2010：131）而山林选木与其说是识木，不如说是识树、识林。为了更加经济、更具效率，营造匠人要从自身的经验出发，根据树木的外观形态、生长环境和时令季节遴选出合适的树木，然后再进行砍伐，这实际上对营造匠人提出了更高的要求。

（五）习艺

“师父领进门，修行靠个人”，传统营造匠人学徒习艺与今日学生接受学校教育迥异，“主要靠自己！你没问，师父不会主动说的；徒弟要靠自己去问才能获得答案”（张玉瑜，2010：6）。在习艺的过程中师父并非每个步骤都会事先解说，当师父分配任务后，学徒总是要先应允下来，在制作过程中遇到困难之处时，要去请教、去体验、去实践，才能体悟其中的要诀。许多时候，匠人师父的“教学”是只告知结果，但并不会告知方法，如师父会给学徒一片刨花，让学徒自己去试该如何做（西冈常一，小川三夫，盐野米松，2016：84）。这种“教学方法”看似不得要领，实则大有深意，“正因为只告诉了这个，就需要靠自己去琢磨和训练，如果手把手地教给你这样做、那样做的话，当那只手离开了以后怎么办呢，每个人感受的东西是不同的……在技能训练学校里，老师会告诉你‘这样刨就能刨好’，然后这个被告知的方法会一直在你的脑子里挥之不去。你也尽可能地向这个方法靠拢，因为它挥之不去，其实这已经是禁锢了你的大脑，你反倒弄不明白了”（西冈常一，小川三夫，盐野米松，2016：86）。对于营造匠人而言，他们更看重的是靠自己去琢磨，用手和身体去

“记住”手艺。他们在熟练掌握工具运用技艺之后，“才能学习较复杂的工作，如构件的制作及上架安装等统合性质的技术”（张玉瑜，2010：6）。

技艺的习得仅仅只是营造匠人学徒的起步，但这起步也并不容易。香山营造匠人学徒学艺三年，“对一般学徒来说，师父只能是领你入门而已，要使技艺真正有所长进，还得待出师后通过独立操作，在不断的实践中钻研、总结、提高，关键是靠自己”（李嘉球，1999：106）；福建大木匠师学徒学艺三年四个月，“在拜师的三年四个月期间内，传授的是一般大木工匠的技术，而这只是一位大木匠师技艺中的基础技术而已”（张玉瑜，2010：6）。事实上，无论是三年还是三年四个月，能够将工具运用娴熟、掌握一些营造基础知识已是难能可贵，至于像“画样（做设计）”这样的高阶技术，一般的学徒则是学不到的。薛福鑫在接受沈黎访谈时曾谈到，苏州的许多工地会搭“台房”，“把作”会在其中将图样画在木板上，其他人未经允许，不得入内，图样用完即刨，目的就是防止偷师（沈黎，2011：83）。可以看出，建筑结构的样式（包括房屋贴式、构件样式等）只掌握在少数营造匠人手中。旧时民间有“教会徒弟，饿死师父”的俗语，实际上许多师父往往有所保留，“有的师父为了不让徒弟学会自己的绝招，竟在甏里捏堆灰塑像；有的做到要紧关子上，则将身旁的徒弟有意差开去做其他的事情；有的则干脆关门制作”（李嘉球，1999：106）。张玉瑜调查发现，一些营造匠人虽然在学徒期间就有替师父绘制“样板图”的经历，但更多的图样知识则是在业余时间通过考察其他建筑获得的（张玉瑜，2010：6）。实际上，每一栋建筑因其时空不同需要匠人因时、因地、因材而活建，每一根木料因其“癖性”不同而需要匠人活用。于匠人而言，并不存在一种放之四海而皆准的“通用性”原则，因此师父的口传反而可能成为桎梏学徒的枷锁，只有进入经典建筑现场，营造匠人才能真正感知、理解、体认匠艺的精髓。向经典古建筑学习，也为福建大木匠师广泛认可，“对于有心要钻研古建营造技艺的营造匠人而言，已存在的古建筑就是他们最好的老师！每一位出色的大木匠师都提到在实践与创造过程中，考察和体验前人作品对其经验的拓展具有重大的意义”（张玉瑜，2010：6）。

（六）满师

香山营造匠人学徒入门三年、福建营造匠人学徒入门三年四个月后即学徒期满，称“满师”。在香山，“满师”要办“谢师酒”，师父邀请同行前辈一同赴宴，席上师父会向大家打招呼，请各位今后多包涵扶持。倘若师父经济拮据或有困难，也可以借此机会要求徒弟“帮师”半年到一年，为答谢师父栽培之恩，徒弟一般是不能拒绝的，如果拒绝将被行内行外的人瞧不起（李嘉球，1999：106）。福建大木匠师“满师”后一般还会继续跟在师父身边再做几场，不同的是此时营造匠人已可领取正式薪俸，亦可凭能力独自接受业主的委托。营造匠人虽已“满师”，但师徒之谊仍存。福建大木匠师“出师”后的规矩是：徒弟不应跟师父抢工作；当师父缺人手相帮时，要回师父身边帮忙。

二、“匠家教科书”：从《营造法式》到《营造法原》

从《宋史·职官志》中的“庀其工徒而授以法式，寒暑早暮，均其劳逸作止之节”一句（脱脱 等，1977：3917）可知，至少在宋代的营造官匠群体中以法式授徒已成为一种标准。法式实际上就是标准，但这里的标准并非泛泛之谈，而是一种“成文的标准”。官匠如此，那么民间营造匠人又是如何？根据清末苏州大匠姚承祖之曾孙姚午生回忆，其祖父幼时就曾受家传“营造秘笈”《梓业遗书》的启蒙（姚承祖，2012）；中国营造学社也曾在民间搜集许多营造匠人们的秘传抄本编成《营造算例》（梁思成，2001b：5）。由此可见，民间营造匠人也是有其“教科书”的。这里将着重考察《营造法式》与《营造法原》的特点。

(一)《营造法式》

李诫所“著”《营造法式》并非宋代的第一部建筑类法式丛书。北宋中晚期，建筑业腐败丛生，贪污盗窃成风。熙宁二年（1069年），宋神宗下令修建感慈塔，主管部门开始估计用工34万余人，后经朝廷派人重估，实际用工不到原来的五分之一。宋神宗下令将作监编制出一套《营造法式》作为各项工程的规范。元祐六年（1091年），《元祐法式》完成，但是这部书很不完善，“《元祐法式》，只是料状，别无变造用材制度，其间工料太宽，关防无术”（梁思成，2001b：5）。因此，绍圣四年（1097年）末，朝廷下令将作监重新编制。这次由李诫负责重修，经过三年努力，完成了一部巨著，正式刊行于崇宁二年（1103年），这就是我们今天看到的《营造法式》。当然，《营造法式》并非为李诫所“著”，实为其所“编”，诚如其在《总诸作看详》中所说，“其三百八篇，三千二百七十二条，系来自工匠相传，并是经久可以行用之法，与诸作谙会经历造作工匠详悉讲究规矩，比较诸作利害，随物之大小，有增减之利害”（梁思成，2001b：15）。可见李诫编制《营造法式》时所依据的实际上是当时已经成熟的做法，且来源是“诸作谙会经历造作工匠”，将《营造法式》称为宋代营造匠艺集大成者应当是恰如其分的。

《营造法式》共分三十四卷，其内容首先是释名（第一卷、第二卷），引经据典地诠释各种建筑物和构件的名称，并说明一些几何形的计算方法以及当时一些定额的计算方法；其次为诸作制度（第三卷至第十五卷），详细介绍了各种构件的制作方法；再次为诸作工限（第十六卷至第二十五卷），介绍了诸作制度中各种构件、各种工作的劳动定额；然后为诸作料例（第二十六卷至第二十八卷），规定了各作按构件的等第、大小所需要的材料限量；最后是诸作图样（第二十九卷至第三十四卷），该部分实际上更倾向于介绍大、小木作的各种构件式样和彩画图案，但旋作、锯作、竹作、瓦作、泥作、砖作、窑作都没有图样。长期以来，破解、译注、研究《营造法式》一直是中国建筑史学界的一项中心工作，本文并不打算从建筑史的角度进一步拓展对《营造法式》的认识，但笔者以为有两点却是我们在研究营造匠人的学习生活时需要注意的。

第一，《营造法式》的文本尽管流传并不广泛，但其所规定的诸作制度影响深远。据梁思成的研究，在宋代《营造法式》仅有北宋“崇宁本”与南宋“绍兴本”两个版本，其中“崇宁本”的镂版早在北宋末年的汴京就被金人付之一炬了。明清两代《营造法式》虽有一些“钞本”，但都未见流传。如今我们所见的《营造法式》实际上是在朱启钤于1919年后在南京江南图书馆所“发现”的丁氏钞本的基础上校勘而成的；既是“发现”，实际上可以证明清末民初《营造法式》在民间应当是不见流传的（梁思成，2001b：9）。但流传不广并不意味着影响不大，如前所述《营造法式》实际上是对宋以前营造匠人成熟技艺的总结，这些内容经过《营造法式》编撰活动的推动和“整编”之后，其影响面一定更大。戚德耀曾将《营造法式》、清《工程做法则例》与《营造法原》三者的“名称术语”进行了对比，发现尽管在表述上有些微差异，但三者的“名称术语”有高度相似，几可一一对应。仅从“大木作·斗栱”部来看，《营造法式》与清《工程做法则例》两者的“名称术语”的意义重合度就高达63%，而《营造法式》与《营造法原》两者的“名称术语”的意义重合度则有67%（吴县政协文史资料委员会，1993：107-202）。从这两个数字足可见《营造法式》对其后营造活动的影响。

第二，从结果上看，李诫编撰《营造法式》是中国士阶层一次全面而系统地将匠艺与传统中国“知识体系”联系起来的行动。按梁思成的说法，《营造法式》全书“纲举目张，条理井然，它的科学性是古籍中罕见的”（梁思成，2001b：6）。从全书来看，《营造法式》的总纲是其“总释”部分，粗看起来，这两卷的写作目的是解释书中的各种“术语”，但细细品读却非仅仅如此，以其中释“殿”为例：

> 殿（堂附）
>
> 《苍颉篇》：殿，大堂也。
>
> 《周官·考工记》：夏后氏世室，堂修二七，广四修一……殷人重屋，堂修七寻，堂崇三尺……周人明堂，度九尺之筵，东西九筵，南北七筵，堂崇一筵。
>
> 《礼记》：天子之堂九尺，诸侯七尺，大夫五尺，士三尺。
>
> 《墨子》：尧舜堂高三尺。
>
> 《说文》：堂，殿也。
>
> 《释名》：堂，犹堂堂，高显貌也；殿，殿鄂也。
>
> 《尚书·大传》：天子之堂高九雉，公侯七雉，子男五雉。
>
> 《博雅》：堂埠，殿也。
>
> 《义训》：汉日殿，周日寝。（梁思成，2001b：30）

显然，李诫的意图绝不仅仅是对词进行释义那么简单，他是要在各种古代典籍中寻找、确定营造的标准和依据。实际上各种文明中的建筑书籍都有这种寻找标准与依据的做法。如果说古罗马时期维特鲁威的《建筑十书》，文艺复兴时期阿尔伯蒂的《论建筑》、帕拉第奥的《建筑四书》等著作都将“人”（当然，三者对人的理解各不相同）视为建筑的第一原则，那么《营造法式》就是将“礼”视为营造的第一原则。在典籍中寻找营造之“礼”，以营造实现儒家之“礼”，就是《营造法式》的一大书写目标。笔者以为，在此有必要阐述一下营造知识在中国古代知识体系中的位置。徐苏斌曾以中国传统“目录学”为视角对此进行了考察。他的研究显示，按照刘向《七略》所确定的目录“七分法”，从《汉书·艺文志》来看，营造典籍分属“六艺”中的“礼”部分和“术数”中的“五行”“杂占”部分；而按照《四库全书》所确定的目录“四部分类法”，营造典籍分属“经部”礼类（如《周礼·考工记》），“史部”政书类（如《营造法式》）、正史类、地理类（如《洛阳伽蓝记》），“子部”术数类（如《宅经》）（徐苏斌，2010：12–19）。可见在中国古人的知识体系中，“营造知识”与“礼”有着莫大的关系；换言之，在中国古代传授“营造知识”的首要任务是“明纲纪、定人伦”。可以肯定的是，在《营造法式》问世之前，各种典籍尤其是先秦典籍就一直是历朝营造的“合法性”依据，但《营造法式》无疑是一次全面系统地将建筑的全部（包括整体与构件）与以古代经典为代表的中国传统知识体系（实际上主要是以儒家经典与思想为代表的知识体系）勾连起来的尝试，经过这种尝试，制度、工限、料例、图样等匠艺范畴的诸种元素被以儒家经典与思想为代表的中国传统士阶层的知识体系严丝合缝地统摄起来，形式、手艺也因此被系统地赋予了所指意义。

此外，尤可注意的是，尽管营造匠人群体对“记”情有独钟，甚至认为“一切靠脑子去记忆”才是“匠艺正道”（张玉瑜，2010：27），但面对《营造法式》这么一部卷帙浩繁的建筑典籍所记录的匠艺，匠人们单纯依靠记忆是很难掌握的，因此我们有理由相信处于“作头”（尤其是承建建筑群组的“作头”）一级的匠人，其文化水平应当是不低的。

（二）《营造法原》

在中国古代专门类建筑著作中，只有《营造法原》是由营造匠人亲自撰写的，且其又是“迄今发现的近代教育中最早的有关中国营造法的教材”（徐苏斌，2010：122），因此其对我们研究近世营造匠人学习生活的意义尤为重要。事实上今天通行的《营造法原》并非匠人所著的原本，而是用现代西方建筑学的方法和视角“增编”过的版本，且所增编的篇幅远超其原有篇幅。笔者以为将增编版本与原版本进行对比恰恰能发现作为“匠家教科书”的《营造法原》的特点。由于《营造法原》一书成书经历坎坷，因此笔者一方面将阐述其成书过程，另一方面将对比前后两个版本的《营造法原》。

实际上，《营造法原》起初是“中国第一所建筑院校，为中国的院校建筑教育拉开了序幕”（钱锋，伍江，2008：31）的苏州工业专门学校（以下简称苏工）建筑科“中国营造法”课程的教材。1924年春，时任苏州鲁班协会会长的匠人姚承祖受聘于苏工建筑科，教授“中国营造法”。①“中国营造法”的开设不啻是苏工建筑科在国内的首创：一是命名首创，无论是“癸卯学制”，还是“壬子癸丑学制”所载之建筑科课程均无“中国营造法”一名②；二是实务首创，尽管清末建筑科便已列入学制，民初政府所定建筑科课表也有“中国建筑构造法”，但由于种种限制，建筑教育始终未在中国体系内施行，苏工建筑科开设“中国营造法”实是将“壬子癸丑学制”建筑科课表中的“中国建筑构造法”课程安排付诸实践之举动。自苏工建筑科创办伊始，教材就始终是个问题，“主要的图书资料大都是几位先生从日本带回来的”（杨苗苗，2009），姚承祖所教授的“中国营造法”更是无章可循。执教苏工，姚承祖可谓对学生倾囊相授；为了解决教材问题，姚氏拿出了家传“秘笈”——其祖父姚灿庭所著五卷《梓业遗书》手稿，以此为基础，参以其他施工图册及自己的深厚积淀与丰富实践，为苏工建筑科“中国营造法”课程编写了专门的讲义。这份讲义就是后来《营造法原》之初稿，“也是迄今发现的近代教育中最早的有关中国营造法的教材”（徐苏斌，2010：122）。刘敦桢一见此书，如获至宝。他是看到了其中蕴含的双重价值：一是教学价值，“书中所述大木、小木、土、石、水诸作，虽文词质直，杂以歌诀，然皆当地匠工习用之做法，较《鲁班经》远为详密”（刘敦桢，2007：68）；二是建筑史学价值，“由此可窥明以来江南民间

---

① 陈从周1979年整理了《姚承祖营造法原图》一书，其中有疑似影印姚承祖原序，首句即是“甲子春苏州工专学校于建筑科中教授本国营造法”，可知姚承祖赴苏工建筑科任教应是在1924年（农历甲子年）春。

② “壬子癸丑学制”《大学规程》中有“中国建筑构造法”课程，苏工建筑科设立“中国营造法”课程应是与此相对，定名为“中国营造法”应与1919年《营造法式》的发现密切相关（徐苏斌，2010：121）。

建筑之演变。即清官式建筑名词因音同字近，辗转讹夺，不悉其源流者，往往于此书中得其踪迹”（刘敦桢，2007：68）。刘敦桢随即建议姚承祖出版此书，但姚承祖闻之却是诚惶诚恐。匠人出身的他或许是觉得书中所记不过是自己平日所为，因此对于刘敦桢出版该书的建议最后仍是“逊谢未遑”。尽管觉得可惜，但刘敦桢对姚承祖却是更加钦佩，刘、姚二人也因此过从渐密，“春秋佳日，相与放怀山水，周访故迹，旁及第宅、园林，析奇辩难，遂成忘年之交”（刘敦桢，2007：68）。

1927 年，南京国民政府成立，推行大学区制。虽经校长邓邦逖多方奔走（邓瑜，2012：7），苏工仍与江苏省内其余高校一同被整体并入“第四中山大学”①。而苏工建筑科也因此成为中国第一个大学建筑系——第四中山大学工学院建筑科的基础（钱锋，伍江，2008：33），姚承祖也因此告别了高校讲台②。1929 年，已是“年近古稀，精力日敝”（刘敦桢，2007：68）的姚承祖致信当时身在南京、已任教于中央大学③建筑系的刘敦桢，谓“旧作芜杂，无所增益”，盼刘敦桢能对《营造法原》“希为厘定，俾免散佚”。彼时，中央大学建筑系刚刚建立，刘敦桢先后教授了建筑设计、中国建筑史、中国营造法、西方建筑史、建筑营造法、阴影透视、建筑测量和钢筋混凝土结构等课程，同时还承担着建筑师事务所的设计工程（刘叙杰，2009：10），繁忙程度可以想见，恰如他自己所说“浮沉人海，

① 邓邦逖的奔走也并非一无所用，1928 年 9 月，后来的中央大学工学院终于在苏工原址附设职业学校，委邓邦逖兼任校长（邓瑜，2012：7；施用，2001：1）。

② 据潘谷西、单踊研究，当时赴南京的苏工建筑科教师只有刘敦桢一人，另外还有助教濮齐才（苏工建筑科毕业生）等，可见姚承祖并未赴南京任教（潘谷西，单踊，1999）。

③ 第四中山大学于 1928 年 2 月改名为“江苏大学”，同年 4 月再次改名为“国立中央大学”（钱锋，伍江，2008：43）。

荏苒数载”，因此厘定《营造法原》的工作被暂时搁置了下来[①]。1930 年 2 月，中国营造学社成立；1932 年，社长朱启钤邀请刘敦桢北上担任学社文献部主任，刘敦桢毅然辞去中央大学教职，欣然前往，与他同赴北平的就有《营造法原》文稿[②]。

1919 年，朱启钤在江南图书馆发现了宋本《营造法式》；自此，疏证、解读、研究这部“若存若佚，将及千年，迄无人为之表彰”（朱启钤，2009：13）的著作就成为朱启钤乃至中国营造学社的一项基础工作[③]。得书之后，朱启钤“一面集资刊布，一面悉心校读”，但由于书中“生僻之名词、讹夺之句读”，因此“几经寒暑，至今（1930 年）所未能疏证者，犹有十之一二”。（朱启钤，2009：13）面对朱启钤这位“我国二十世纪最早的一位中国古建筑专家”，刘敦桢自然想到了手中的《营造法原》，于是拜托朱启钤相为整理，并将这个“喜讯”告知了远在苏州的姚承祖。姚承祖大喜过望，但“虑原稿简略，复以家藏大、小木图册，及《补云小筑》绘卷见贻”（刘敦桢，2007：68）。虽然“书中所辑住宅、祠庙、佛塔、泊岸，及量木计围诸法，未见官书，足传南方民间建筑之真相”（朱启钤，2009：67），但朱启钤一见书稿仍是爱不释手。他在“穷数月之力，躬自整比”（刘敦桢，2007：68）后，得出了“《营造法原》一书虽限于苏州一隅，所载做法则，上承北宋，下逮明清，今北平匠工习用之名辞，辗转讹伪，不得其解者，每于此书中得其正鹄，然则穷究明清二代建筑嬗蜕之故，仰助此书者正多，非仅传苏杭民间建筑而已”

① 据刘敦桢《〈营造法原〉跋》：“1928 年春，余移教于南京中央大学。翌年，先生抵书于余，谓年近古稀，精力日敝；而旧作芜杂，无所增益，希为厘定，俾免散佚。顾余浮沉人海，荏苒数载，无以报命。”（刘敦桢，2007：68）

② 据刘敦桢《〈营造法原〉跋》：“1933 年余入中国营造学社，遂挟其书北上。”（刘敦桢，2007：68）

③ 朱启钤在《中国营造学社缘起》中讲道：“今宜将李书读法用法，先事研穷；务使学者，融会贯通；再博采图籍，编成工科实用之书。……李书于制度功限料例，固已示营造之津梁。”（朱启钤，2009：6-7）由此可知《营造法式》研究工作在中国营造学社各项工作中的重要地位。

（朱启钤，2009：68）的极高评价，但由于“南北术语差违殊胜，书中图式复无缩尺，形象比例无法悬拟，卒废然中辍”（刘敦桢，2007：68）。术语、缩尺、比例，这些在实操匠人眼里“不言自明”的东西，却难倒了朱启钤、刘敦桢这些中国建筑史研究的大家。

1935 年，刘敦桢回苏州小游，特意去探望了病中的姚承祖，姚承祖“以此书犹未问世为念，为之惄然不安”（刘敦桢，2007：68）。为了不负老友的嘱托，刘敦桢找来了 1926 年入学苏工建筑科，后转入中央大学建筑系求学，当时已留校任教的苏州人张镛森（张至刚），希望他能帮助整理《营造法原》。姚承祖是张镛森的老师，又是他的同乡，受托师命加之“此书是记述江南建筑的唯一著作，不能任其湮没”（姚承祖，1987：1），张镛森欣然接受了这项使命。之后，张镛森“乃遍访当地寺庙、住宅、园林，测绘实物，摄制像片，以期与原文互释，并进而补齐遗漏。然遇有疑难，辄就教于先生病榻前，其勤慎可谓至矣”（刘敦桢，2007：68）。1937 年夏，《营造法原》初稿脱稿，“全文计二十四章，约十二余万言，图版五十二幅，插图七十一张”（姚承祖，1987：1），“视原著不啻倍蓰”（刘敦桢，2007：68）。张镛森请当时正在南京的刘敦桢核校书稿，刘敦桢遂携书稿北上。7 月七七事变爆发，中国营造学社内迁，书稿的核校出版事宜又被搁置下来。此后，为避战祸，《营造法原》书稿几易其主，刘、张二人几番辗转（刘敦桢，2007：68）。1943 年，书稿、增编者、校阅者终于聚首四川，刘敦桢终于为书稿写下了跋，但原著者姚承祖却已在四年前病逝于苏州。跋已写就，但校订《营造法原》的工作却并未作罢。经过再次整理，张镛森将全书调整为十六章，十三万五千余字，插图增为一百二十八幅，图版则并为五十一幅（姚承祖，1987：1）。1959 年，由姚承祖原著、张镛森增编、刘敦桢校阅的《营造法原》终于出版，此时距刘敦桢初识手稿已过去三十三载。

破解《营造法式》用去梁思成四十一年，增编《营造法原》花去张镛森三十三载，两部著作的解读历程颇有异曲同工之处。一是文本解读。所不同者，对《营造法式》的解读，梁思成仰赖的是历代典章制度；对《营造法原》的解读，张镛森幸有姚承祖在侧。二是实物比对。为了探求《营造法式》的名词术语、设计原则，梁思成与中国营造学社的同人们先后调查、比对了一大批与《营造法式》基本同时的宋、辽、金时期的建筑遗存；而张镛森则是调查了"文庙大成殿，玄妙观三清殿，虎丘云岩寺二山门，木渎灵岩寺，全晋、安徽、奉直等会馆，任、张、程、沈诸氏住宅，以及留园、怡园、沧浪亭、严家花园、网师园，拙政园、狮子林、耕荫义庄（汪园）等处庭园建筑和城隍庙、火神殿、关帝庙等牌楼"（姚承祖，1987：1）。三是现代"翻译"。在《营造法式注释》一书的序言中，梁思成就曾明确指出，"我打算做的是一项'翻译'工作——把难懂的古文翻译成语体文，把难懂的词句、术语、名辞加以注解，把古代不准确、不易看清楚的图样'翻译'成现代通用的'工程画'"（梁思成，2001b：11）；对于《营造法原》，姚承祖也"以其所绘草图数量甚少，又无尺寸比例，读者难以看懂"，赞同刘敦桢与张镛森的主张，"用现代工程图法重绘，裨读者易于理解，且利于书的传播"（姚承祖，1986：1）。《营造法式》自其写就至民国时期已历数百年，书中所用名词、所载做法在当时已难索迹，梁思成与他的同事为"破解天书"而耗费整整四十一年尚可理解。而《营造法原》成稿之时，姚承祖所经营姚开泰建筑处尚在经营，书稿中所载各项工程做法也未束之高阁，尤其是姚承祖本人其时也正当年，想来厘定之事应该不算难，但却为何偏偏难倒了朱启钤、刘敦桢两位中国建筑史学界赫赫有名的学者？除去中间的颠沛流离，为何书稿的增编竟也花了后来成为中国建筑史研究专家的张镛森几十年的时光？要解答这些问题还需要回到《营造法原》原稿本身。

从目前流传的各种版本的《营造法原》（包括各种注释本、诠释本、图解本）来看，其源头是两个：一是由姚承祖原著、张镛森增编、刘敦桢校阅，初版于1959年的《营造法原》；另一则是由陈从周整理，1979年由同济大学建筑系刊行的《姚承祖营造法原图》。《营造法原》原是"姚补云先生晚年根据家藏秘笈和图册，在前苏州工专建筑工程系所编的讲稿”（姚承祖，1987：1）。张镛森增编的《营造法原》共十六章：第一章“地面总论”，介绍了地面的做法；第二章“平房楼房大木总例”，介绍了平房和楼房的木构做法；第三章“提栈总论”，介绍了提栈的具体做法；第四章“牌科”为牌科的做法介绍；第五章“厅堂总论”，阐述了厅堂的种类、名称和构造；第六章“厅堂升楼木架配料之例”为厅堂楼房配料方法；第七章“殿庭总论”，介绍了殿庭的进深开间、结构、分类、尺寸、用料等；第八章“装折”为门窗做法；第九章“石作”为石料的种类、性质与应用；第十章“墙垣”，介绍了墙垣的名称、砌法及用砖、墙垣上光及刷色、面积量法；第十一章“屋面瓦作及筑脊”为屋面铺瓦和筑脊的方法；第十二章“砖瓦灰砂纸筋应用之例”，介绍了砖瓦、灰砂及纸筋的应用；第十三章“做细清水砖作”，介绍了细清水砖的用法；第十四章“工限”为计算用工用料；第十五章“园林建筑总论”，介绍了园林建筑的种类；第十六章“杂俎”，介绍了塔、城墙、灶的修建制度以及香山营造匠人所使用的工具。附录中的量木制度原为一章，但新中国成立后改变了材料计量方法，故将此章编入附录。

但实际上张镛森增编的《营造法原》和原稿已经有了较大的出入。“原书体制，类匠家记录”（姚承祖，1987：2），张镛森的这一句话揭示了《营造法原》原稿的原初模样，但今天所通行的《营造法原》却已经因为原稿“不合现代需要”（姚承祖，1987：2）而进行了增编，其“本来面目”由此被埋没了。根据张镛森所述，“原书约三万二千余言，附图式八十余种，可是书中所用术语仅限于苏州一地，未予注释，苦涩难解，且书中有若干歌诀，更不是初学通读的，所有图式悉循旧法，没有比例可循，不过表示式样形状而已”（姚承祖，1987：1）。而1959年出版的《营造法原》，达十三万五千余言，约为原稿的四倍。相较之下，陈从周整理的《姚承祖营造法原图》由于是姚承祖在苏工建筑科教授“中国营造法”时为教导学生而绘制的，所以更接近于当年的讲义原貌（徐苏斌，2010：123）。对比两书，尤其是对照那些张镛森增编的部分就可发现《营造法原》原稿作为“匠家记录”的特质，也可推敲出《营造法原》难以厘定的奥秘。

根据张镛森在《营造法原·自序》中的叙述，他对《营造法原》原稿主要进行了七个方面的增编。一是改编原稿，主要是指对原稿的各章节根据“现代需要”进行重新编排，然后“依其术语及文意，演绎申论，使定义与举例明晰，易于了解”；二是补充遗漏，即对原稿中有图无文、有文无图处拾遗补阙，“务使图文相辅，无所偏废”；三是订正讹误，即对原稿中“以讹传讹”的苏州匠工所用术语加以改正；四是加编辞解，即对原稿“释名”部分重加增订，改为“辞解”，“使与清官式术语对照”；五是加添表格；六是重绘图版，“原书图式，经测量实物后，加以增减，依实测尺寸，按比例绘成图版五十一幅”；七是加照片和插图（姚承祖，1987：2）。不难看出，张镛森对原稿所做的最大改动，一是实测尺寸、重绘图版，二是增编图文、补充遗漏。

《姚承祖营造法原图》以及张镛森增编的《营造法原》中所载的住宅平面布置图在各自的文本中都起着“提纲挈领”的作用，对比之后可以发现：第一，姚图是“拟草”的（该图左下方有“汉庭拟草”四字），而张图是根据苏州留园东宅的实际样貌测绘而作的。第二，姚图虽标有尺寸，但不够精确，且无比例尺；张图则是严格依照现代建筑测绘方式，对留园东宅进行了精细描绘，并标上了明确的标尺和比例。第三，姚图虽标注出了建筑内部各空间的基本用途，但标注比较简略，仅用双线和单线分出房舍与间架（双线是房屋实体边界，单线是分间）；张图的标注则更为详细，除了房舍与间架，还标出了柱础、楼梯、门廊等。张图是标准的现代工程图，现代工程图是按照投影的原则或者轴测的原则、透视的原则绘制的，在一幅图中一般只采用一种方式；但姚图却不受此影响。《姚承祖营造法原图》中的另一幅住宅平面布置图的右侧出现了厅楼的“帖样”［又作“贴式”，指的是建筑物之架构、梁、柱等的构造式样（姚承祖，1987：120），类似于现代的建筑横剖面图］，且这种“混搭”在姚图中出现不下一处。

《姚承祖营造法原图》和张镛森增编的《营造法原》中均有琵琶牌科图（牌科即北方所谓斗拱）。这种牌科“中心线以内，于第一级里十字栱之上，以昂之后尾延长作斜撑”（姚承祖，1987：20），因斜撑似琵琶颈部，故称为琵琶牌科。对照两图，除了上述的区别外，还可以发现一些不同：张图是典型的三视图，重在呈现牌科形制以及各部分的尺寸；姚图是侧面图，但从其文辞解释部分来看，更重视对琵琶牌科搭建技巧的阐释，图的部分则成为对文辞的直观注释。

再看增编图文部分，《姚承祖营造法原图》应当只是《营造法原》原稿的一部分，文少图多，仅有的文字阐释是“营造中之牌科分类说”一节，兹录如下：

营造中之牌科分类说（姚承祖，1979）

云头挑梓桁做法有三种：一斗六升、一斗三升、一单用斗蒲鞋豆一升子是也。其云头出参均在廊轩梁，放长豆出云豆或即在廊穿头，放长出云头，其云豆之用为出檐豆之外，用飞椽，因份量之重、坠下之势，故用梓桁承之。其梓桁两头无依之处以此出云豆衬之。梓桁两豆底用短几两个，其上凿花枝、或水浪、或福云随之，其几亦衬梓桁之势。

一种“斗六升”，其材料有三种：一，五寸、七寸；又将此尺寸八折用，名为“四、六”；又双“四、六”，为“八、十二”即八寸、十二寸。

又斗料五七寸，尺在柱头上用者，其斗底照柱豆经寸，即斗底之大小如六寸柱豆经者，即斗底六寸方斗面，即八寸方高合五七之寸，即五寸高如柱豆经，大小分寸以此推算，再行间牌科者但柱头上之斗依柱之大小经寸，余座均照五七寸尺落料，慎之。

又斗料五七寸，尺在大梁背上者，如大梁厚一尺，其斗底长一尺，斗面长一尺二寸，底面五寸上口仍七寸。

如山架梁，厚八寸，其斗底八寸，斗面长一尺，底面仍五寸，上口仍七寸或有寸尺大小者，照推算之。如用四六斗，又双四六斗，依次推算。

五七栱料，厚二寸五分，高三寸五分，其升料将栱料扁用活者三寸半，高二寸半。

又栱料五七斗上栱料照斗面阔七寸，加两豆出，各二寸半，计五寸；又加两升底五寸计栱豆第一级长一尺七寸，第二级者再加长八寸，计长二尺五寸。是行间之栱料如柱头上，栱料是实栱之料，正帖云头加峰豆；边帖云头勿用峰豆（平豆）。

文后即为两幅牌科做法示意图，一幅是琵琶牌科的做法示意图，一幅是桁间牌科的做法示意图。

显然其中散佚了不少牌科的做法（如张镛森增编的《营造法原》中所列的十字科、丁字科、网形科等），但仍能由此看出《营造法原》原稿的体例。

张镛森增编的《营造法原》第四章即为“牌科”，经过增编后的“牌科”一章更加系统、全面、翔实。全章共分五节：一是牌科各部之解释，详细介绍了牌科各部件之名称及功能；二是牌科之种类及名称，介绍了一斗三升、一斗六升、丁字科、十字科、琵琶科、网形科等牌科的形制特点；三是牌科之权衡比例，介绍了“五七式”“四六式”“双四六式”等三种牌科比例；四是牌科之分件比例，介绍了牌科各部分件的做法；五是杂例，以玄妙观三清殿、府文庙、虎丘云岩寺二山门为例介绍了个别古建筑的特殊牌科形制（姚承祖，1987：20）。

对比张镛森增编的《营造法原》“牌科”与《姚承祖营造法原图》“营造中之牌科分类说”，可以发现两者在编排原则上具有各自的特点：前者更强调体系性，从整体到局部地对牌科的类别、组件、比例进行了介绍，辅之以图版说明（可以认为，书中的图版是对文字的注释），更强调叫什么、是什么。后者则更加注重工程实践性，以不同类型的牌科该如何进行工程构建为核心，将对整体比例、组件比例的探讨融入其中，且在探讨中根据姚承祖自身经验点出了其中的工程难点和注意点，如在对桁间牌科（即“营造中之牌科分类说”中的“一斗六升、一斗三升、一单用斗蒲鞋豆一升子”）的介绍中就有“柱头上之斗依柱之大小经寸，余座均照五七寸尺落料，慎之”这样的语句。而从图来看，姚图更像是施工图，图样无疑在其中居于核心位置，居于图上、图中的文字则是对图样的说明，这样的安排无疑更直观，更有利于营造匠人在实际操作中的使用。这并非孤例，根据沈黎的研究，《姚承祖营造法原图》中的“构件镶合图虽然很少分件图，多数仅有正视图，有时有侧视和顶视。因为用虚线表达了构件榫卯的亲合，还是比较容易看懂的。加上文字标注，就提供了足够营造匠人使用的信息。而张镛森增编的《营造法原》插图按照工程剖立面的画法原则，虽然将剖切到的构件轮廓加粗了，看线改细了，更容易理解剖切关系，但是对于构件交合的关注却减少了。虽然另补分件解开图，画出每一构件的三视图来，可是对于怎样组合反而让人更加难懂”（沈黎，2011：91），“姚氏原图将工匠操作信息表达十分清楚，是真正施工图。而改绘后的图更像是竣工图，或者样式研究图，工程操作信息湮没很多”（沈黎，2011：92）。

可以看出，张镛森的增编虽然使得《营造法原》更具精确性、体系性，使读者易于理解，且利于书的流传，但是现代工程图法和现代建筑著作撰写体系的引入却使得《营造法原》作为“匠家记录”以及匠人间知识与经验传递媒介的功能大为削弱，好在张镛森意识到了“用料、工限、歌诀为原书精神所寄”，所以对这部分“未改只字”。（姚承祖，1987：20）

张镛森增编的《营造法原》目前共收录歌诀 13 首，基本收录在“平房楼房大木总例”（12 首）和“提栈总论”（1 首）两章中，以下试举两例。

一间二贴二脊柱
四步四廊四矮柱
四条双步八条川
步枋二条廊用同
脊金短机六个头
七根桁条四连机
六椽一百零二根
眠檐勒望用四路

以上是“一开间深六界平房”的歌诀（姚承祖，1987：9）（见图1、图2、图3）。中国建筑以木架负重，木架的构造就其受重的情况可分为三类：其中直立承重的是柱；横向承重的是梁、桁、椽，一端支撑桁、一端连接柱的是“川”；兼具直立承重、横向承重两种功能的是牌科（斗拱），两桁之间的水平距离称为“界”，而所谓“贴式”指的是在一纵线上（即横剖面部分）梁、桁所构成的木架（贴）样式。处于不同位置的柱有不同的名称，其中檐下或廊下之柱，称为“廊柱”；廊柱后一界之柱，称为“步柱”；上承屋脊之柱，称为“脊柱”；介于脊柱与步柱之间的柱，称为“金柱”。跨置于横梁上的短柱，被称为“童柱”（也叫“矮柱”），支撑屋脊的童柱被称为“脊童”，介于脊柱与步柱之间的短柱被称为“金童”，上端架川的短柱被称为“川童”。桁的下面所辅的长方形木材被称为“连机”（“脊桁”与“金桁”之下，在桁的两端所用的被称为“短机”），“连机”以下断面为长方形的木材被称为“枋”。以上各种材料林林总总，令人目不暇接，在建屋前营造匠人需要对所用材料进行充分估算，而通过上述歌诀，就可以轻松估算出建造一座“一开间深六界平房”所需的木材：脊柱两根，步柱、廊柱、矮柱各四根，双步梁四根，川八根，步枋、廊枋各二条，短机六个，桁七根，连机四根，椽一百零二根，眠檐勒望（眠檐勒望是指钉在界椽上用来阻止望砖滑动的木板条）四个。

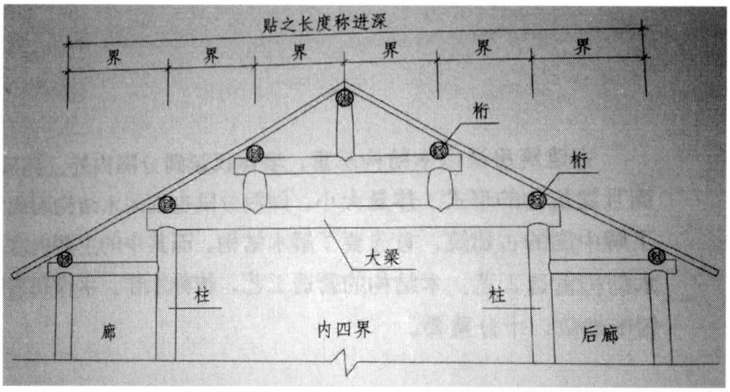

图 1 房屋进深图例（侯洪德，侯肖琪，2014：2）

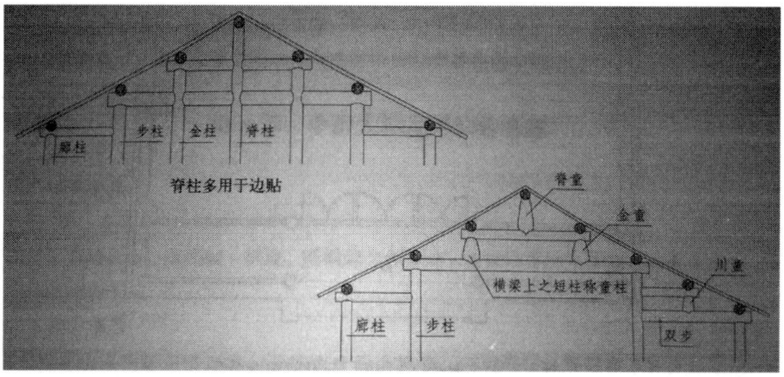

图 2 柱的名称（侯洪德，侯肖琪，2014：4）

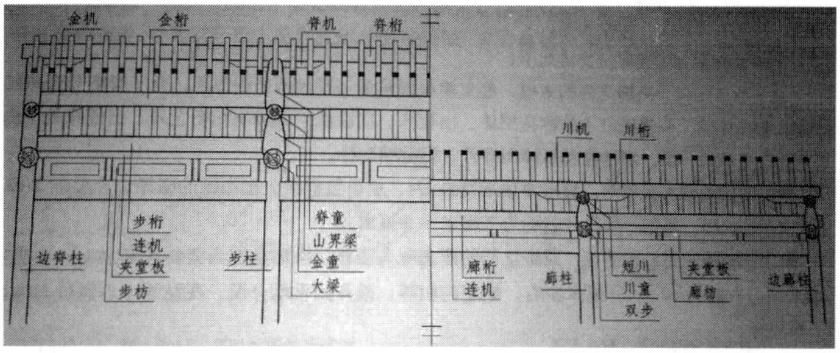

图 3 屋架开间方向剖面图（侯洪德，侯肖琪，2014：7）

除了“一开间深六界平房”歌诀外，张镛森增编的《营造法原》还收录了“二开间深六界平房”“三开间深六界平房”“一开间深六界楼房”“二开间深六界楼房”“三开间深六界楼房”的歌诀，营造匠人按照这些歌诀可以估算出各种房屋的木料用量。

屋料何谓真市分
围篾真足九市称（上等）
八七用为通行造（中等）
六五价是公道论（下等）
木纳五音评照化
金水一气贯相生
楠木山桃并木荷
严柏椐木香樟栗
性硬直秀用放心
照前还可减加半（即除去加一半）
惟有杉木并松树
血柏乌绒及梓树
树性松嫩照加用
还有留心节斑痈
节烂斑雀痈入心
疤空头破糟是烂
进深开间横吃重
务将木病细交论

以上是张镛森增编的《营造法原》收录的营造匠人“选木围梁”的歌诀（姚承祖，1987：11），其中所谓“围篾”指的是一种以竹篾作软尺，围木材之周以计木材之直径的计算方法。歌诀文辞朴实，这里不多加以解释，但营造匠人依此歌诀在木行挑选建屋木材的情境却清晰可见。此外，书中所收录的歌诀还有：“屋料定例”歌诀，用于计算“假如房屋用西木之尺寸大小，无论进深、面阔、檐高之丈尺大小，其定例需用”（姚承祖，1987：10）；“全宅檐高之比例”歌诀，用于按照定例计算住宅中各部房屋的各自檐高（姚承祖，1987：12）；“天井之比例”歌诀，用于按照定例计算厅堂、圣殿、神殿祠堂等不同类型建筑的天井大小（姚承祖，1987：12）；“提栈”歌诀，用于计算为了使屋顶斜坡呈曲面，而将每层桁较下层比例加高的量（姚承祖，1987：12）。分析这些歌诀，不难看出其中所记录的多是香山匠人经年传承的成规定例和实践经验，这些歌诀辞简意尽，便于匠人记忆。

《营造法原》文稿脱胎于姚承祖家传“秘笈”《梓业遗书》，两部著作简繁不等，但都是“匠家教科书”；所异者，前者的教学对象是苏工建筑科的学子，后者的教学对象则是姚氏一族的子弟。通过这两部“匠家教科书”中的图样、文字、歌诀，受教者能方便掌握建筑构架、构件样式、选材备料、工限估算等技能。然而以“教科书”的标准来审视《营造法原》这部“匠家记录”，也能发现其自身的问题。首先，从篇章体例来看，该书侧重于对建筑构架及构件的工程样例解读，缺乏体系性，加之名词术语时常出现于样例之中，而对这些却疏于解释界定，初学者很难凭借此书入门。这里的入门有两层含义：其一，由于《营造法原》原稿缺乏体系性，初学者难以据此了解香山匠艺的基础，把握香山匠艺的全貌，相较而言张镛森所增编的《营造法原》虽然实践针对性相较原稿逊色不少，但体系性更强，从构件到整体、从工具到方法，解释精到、巨细靡遗，可以使人迅速入门。其二，虽然《营造法原》原稿对实践难点有所提点，但缺少对基础的施工、制作方面的详细解释，换句话来说，该书可能对那些已经对匠艺有所了解的营造匠人更具针对性，而由于初入此门的匠人甚至是那些已具备初步匠艺的营造匠人缺乏对工程实践的感性认知，书中的提点实际上对他们意义不大。其次，该书缺乏严谨性。仅从上文所引“营造中之牌科分类说”来看，书中所写之“豆”实际上是“头”的讹误，“桁间牌科”有时也会写作“行间牌科”。张镛森也在《营造法原·自序》中指出原稿中搔亮、夺木、笋、沿、几、面沿、今柱、同柱、字板、八风、豆定椽、行香栱、橘囊砖、川、界、宿腰、细眉、雨挞等名词实际上是苏州匠工以讹传讹的误写，正写应是罩亮、叠木、榫、檐、机、眠檐、金柱、童柱、字碑、搏风、头停椽、桁向拱、橘瓤砖、穿、架、束腰、须弥、雨搭，且正写的名词术语大部分曾出现于《营造法式》中（姚承祖，1987：2）。不难看出，误写的术语在吴语中的读音与正写的名词相近，而所谓的讹误可能是营造匠人在长期的实践中不明语词的意义由来“囫囵吞枣”造成的，但由此所反映出的香山匠艺与以《营造法式》为代表的北方营造技术之间的渊源关系却不容忽视。实际上，缺少了知识分子的参与，术语的定型很难实现，姚承祖虽然念过几年私塾，属于匠人群体中的“高知阶层”，但要对这些匠艺术语进行溯源与定型仍是力有不逮，因此也就造成了《营造法原》原稿用词不严谨，甚至前后矛盾。最后，该书缺乏标准性。如有的图不仅使用了一、二、三、四等数字，还使用了明清时期苏州地区普遍用于开单记账的“苏州码”，苏州码分别用〡、〢、〣、〤、〥、〦、〧、〨、〩、十来表示一、二、三、四、五、六、七、八、九、十。凡此种种都使得作为“教科书”的《营造法原》难以卒读。实际上，《营造法原》可能对那些已经在匠艺中浸淫有日、对香山帮营造匠艺和文化已有切身体验的营造匠人更有“进阶学习”的价值，朱启钤、刘敦桢等人对《营造法原》难以解读也就情有可原了。此外，香山帮的营造实践虽是传统技艺，却也是高度分工的，《营造法原》收录的图样、文字、歌诀所承载的构架设计、样式描画、选材备料、工限估算等知识在其中更是属于“作头”级别营造匠人的“高阶技能”，由此更能看出《营造法原》的“匠人进阶教科书”的特征。

其实，在一般营造匠人群体中能用这样的“教科书”进行知识传授的并不多。姚承祖曾孙姚午生曾说，一般香山工匠世家的启蒙是上辈对下辈凭经验手把手地教的，是传子不传女的，有些绝活对外人还要保密，从没有用自写的书、用本人保存的家传“秘笈”和图册来对小辈进行启蒙的（姚承祖，2012）。正是在这种特殊的教育方式下姚承祖才能够“异军突起”，成为《哲匠录》收录的清代最后一位“哲匠”。

三、结　语

“心传”与“文授”是营造匠人学习的两种基本途径。“心传”传技与艺，“文授”授样与式，两种途径各有侧重，综合上文的论述，我们可以得出以下几个结论。

第一，学徒期的“心传”是营造匠人终身发展的基础，且遵循着一定的法则，有其自身的特点。近世营造匠人对建筑结构、式样、制度、工限等“高阶知识”的掌握需要建立在手艺和实践经验之上，这也就决定了营造匠人学徒期以手艺获得为中心的学习活动的基础性和必要性。营造匠人的手艺从本质上来说是匠人“亲自”利用工具对原材料进行加工的技能，因此在师父的“点拨”下，学徒在实践中自行“领悟”材料的辨别和工具的使用就成为这一阶段学习的重点。此外，学徒期不仅仅是匠人手艺的奠基期，同时也是其职业生涯的奠基期，因此提前让学徒感受生产的实境、行业的法则，让学徒具备终身发展的能力也就成为该阶段的另一项重要任务。学徒期内的帮佣、工程现场的打下手、师父的“惜字如金”以及学徒对经典建筑的自学实际上都发挥了隐性课程的作用。尽管从文献来看中国营造匠人并没有如日本营造匠人那般对学徒期学习的实质有反思性的认识，但两者之间高度的相似性，似乎可以说明中国营造匠人对学徒期学习可能并不“自知”，但却早已“自觉”。需要指出的是中国近世营造匠人的学徒期一般是不接触“钞本”等“秘笈”的，“学徒也只有在学习出师以后，才能见到和学习钞本”（陈耀东，2010：127）。

第二，学徒期仅仅是营造匠人学习的开始，为了进一步成长，营造匠人需要在日后的职业生活中不断学习，而在此后的阶段“钞本”等“教科书”的重要性就显现出来了。实际上类似于《营造法原》

或《梓业遗书》这样的载录营造工程做法的“钞本”只是匠人“钞本”中的一类，还有一类就是类似《鲁班经匠家镜》这样记录选址、择时的方法，各种禁忌、祭祀仪式安排、祝词、禳镇之术的“钞本”。当然，既是“钞本”就有进一步“钞录”的空间，优秀匠人也会在其职业生活中进一步丰富“钞本”的内容进而形成家族的“秘笈”。

第三，早在学徒期，营造匠人已被纳入受“行”影响、以师徒制为核心的社会关系体系中。在近世中国的工匠群体中，这种师徒制关系类似家庭关系，具有高度的“宗法性”特征，也因此形成了师徒间的紧密联结，这种联结甚至会伴随、影响匠人一生。实际上这种传统古已有之，就某种程度而言，士阶层的师生关系也是“效仿”这种工匠间的师徒关系而产生的。早在唐代，韩愈的《师说》就曾指出：“巫医乐师百工之人，不耻相师。士大夫之族，曰师、曰弟子云者，则群聚而笑之。……巫医乐师百工之人，君子不齿，今其智乃反不能及，其可怪也欤！”（韩愈，1986：43）

第四，《营造法式》问世之后，营造匠艺实际上已经被纳入中国传统士阶层的话语体系之中。前文所言《营造法式》的编撰是一次全面系统地将建筑与以古代经典为代表的中国传统知识系统和话语体系勾连起来的尝试。在《营造法式》系统确立了营造的“标准”之后，其后包括《工程做法则例》《园冶》《工段营造录》《营造法原》在内的著作并没有再对这些原则本身予以理论上的反思与挑战，从《工程做法则例》和《营造法原》来看，后世对这些原则和标准几乎是“照单全收”的。

第五，匠人的学习与职业生活的整个过程是被紧紧制约的。在学徒阶段，匠人要谨守师徒之间的各种礼法，按部就班地学习各种手艺与规矩；在职业生活中，一方面各类经典规定了各种建筑及其构件的大小、式样甚至图案，另一方面术数系统又牢牢规定了建筑的选址以及各种工序的顺序与时间。但这种制约，从另一个角度来看又是桥梁，它给匠人提供了进入中国传统知识阶层话语体系，并与之开展“对话”甚至“合作”的可能性。

参考文献

陈耀东，2010.《鲁班经匠家镜》研究：叩开鲁班的大门［M］. 北京：中国建筑工业出版社.

邓瑜，2012. 追思与怀念：纪念父亲邓邦逖逝世五十周年［M］. 天津：天津人民美术出版社.

韩愈，1986. 韩昌黎文集校注［M］. 上海：上海古籍出版社.

何庆先，2003. 中国历代考工典：第四卷［M］. 南京：江苏古籍出版社.

侯洪德，侯肖琪，2014. 图解《营造法原》做法［M］. 北京：中国建筑工业出版社.

江苏省博物馆，1959. 江苏省明清以来碑刻资料选集［M］. 北京：生活·读书·新知三联书店.

李嘉球，1999. 香山匠人［M］. 福州：福建人民出版社.

李浈，2015. 中国传统建筑木作工具［M］. 上海：同济大学出版社.

李洲芳，2014. 苏派建筑香山帮［M］. 北京：中国诗词楹联出版社.

梁思成，2001a. 梁思成全集：第四卷［M］. 北京：中国建筑工业出版社.

梁思成，2001b. 梁思成全集：第七卷［M］. 北京：中国建筑工业出版社.

刘敦桢，2007. 刘敦桢全集：第四卷［M］. 北京：中国建筑工业出版社.

刘叙杰，2009. 脚印 履痕 足音［M］. 天津：天津大学出版社.

欧阳修，宋祁，1975. 新唐书［M］. 北京：中华书局.

潘谷西，单踊，1999. 关于苏州工专与中央大学建筑科：中国建筑教育史散论之一［J］. 建筑师（5）：113-115.

彭泽益，1995. 中国工商行会史料集：上［M］. 北京：中华书局.

钱锋，伍江，2008. 中国现代建筑教育史：1920—1980［M］. 北京：中国建筑工业出版社.

沈黎，2011. 香山帮匠作系统研究［M］. 上海：同济大学出版社.

施用，2001. 苏工校史述略［Z］//苏州工业专科学校建校九十周年纪念册编辑委员会. 苏州工业专科学校建校九十周年纪念册.［出版地不详］：［出版者不详］.

脱脱，等，1977. 宋史：志：第一百一十八［M］. 北京：中华书局.

闻人军，2008. 考工记译注［M］. 上海：上海古籍出版社.

吴县政协文史资料委员会，1993. 蒯祥与香山帮建筑［M］. 天津：天津科学技术出版社 .
午荣，2003. 新镌京版工师雕斫正式鲁班经匠家镜［M］. 海口：海南出版社 .
西冈常一，小川三夫，盐野米松，2016. 树之生命木之心：地卷［M］. 英珂，译 . 桂林：广西师范大学出版社 .
许慎，1981. 说文解字注［M］. 段玉裁，注 . 上海：上海古籍出版社 .
徐苏斌，2010. 近代中国建筑学的诞生［M］. 天津：天津大学出版社 .
徐翥先，2008. 香山小志［Z］. 苏州：苏州市香山街道.
杨苗苗，2009. 刘敦桢对中国近代建筑教育的肇始与发展的影响［J］. 建筑创作（3）：137-145.
姚承祖，1979. 姚承祖营造法原图［Z］. 上海：同济大学建筑系 .
姚承祖，1986. 营造法原［M］. 北京：中国建筑工业出版社 .
姚承祖，1987. 营造法原［M］. 台北：明文书局 .
姚承祖，2012. “道”、“器” 相成［EB/OL］.［2018-06-17］. http：//www. 360doc. com/content/12/0502/21/5701732_208219415. shtml.
张传玺，2014. 中国历代契约粹编：下册［M］. 北京：北京大学出版社 .
张玉瑜，2010. 福建传统大木匠师技艺研究［M］. 南京：东南大学出版社 .
张正明，1995. 晋商兴衰史：称雄商界 500 年［M］. 太原：山西古籍出版社 .
朱启钤，2009. 营造论：暨朱启钤纪念文选［M］. 天津：天津大学出版社 .

《中国教育：研究与评论》
国际性中国教育研究集刊
教育科学出版社，北京

作者须知

编辑宗旨

这份国际性集刊的基本宗旨乃是致力于中国教育的学术研究事业，并为制定中国教育政策提供参考。本刊还将致力于为提高对于中国教育变迁及其国际关系的认识、思考以及分析的水平提供一个有益的中介和共享的学术论坛。期望加强和拓宽国内外学者在中国教育理论与实践发展等研究领域的交流与对话。汇聚中外学者的研究智慧，为共同推进中国教育的发展，拓展中国教育在国际教育社会中的发展空间及作用。

出版特点

主要发表：以中国本土教育变革实践为主要研究对象的重要学术力作，以国家重点资助和国际合作等项目为主的大中型教育研究报告及其评论，以及有关中国教育理论与实践的专题研究和综合评论。着重反映中国教育理论与实践发展特点的最新学术研究成果与进展。以当代中国教育的发展为重点，聚焦关于中国教育传统与现实关系的学术研究。努力确立其强调科学性、实践性、前沿性和综合性的特色与风格。

读者对象

我们的读者对象包括：（1）中国教育以及相关领域的学者和研究人员；（2）中小学、学院、大学以及国内外其他教育机构的教学人员；（3）教育决策人员以及其他对制定教育（包括公办、民办）

政策有影响的人员；（4）对中国教育感兴趣的人员。因此，本集刊的读者对象主要是教育专业人员以及有关专业人士。

投稿指引

投稿时，应通过本集刊网址以 Word 文本电子版方式在线上传您的稿件。

来稿接受未发表过和没有提供给其他出版单位的原始稿件。

本集刊只接受中文或英文投稿。作者需注意本集刊所面向的对象包括国际国内读者，请不要使用其他语言，同时，所有关于地区性的术语均需清楚界定。英文稿一经采用，本刊编委会负责翻译。

学术论文或研究报告需使用宋体或 Times New Roman 12 号字撰写，应使用大小为 8 英寸乘 11 英寸的纸张或 A4 纸，页边空白不少于 1.5 英寸或 5 厘米。文章长度包括例证、图表、资料以及相关文字说明，总计字数一般为 3 万到 5 万字。研究报告的评论文章一般不少于 5000 字，可在 1 万字左右。论文解释性注释采用脚注，仅注明引用文献出处时采用文中夹注，如（丁钢，2002：22）或（丁钢，2003：31-33），引用文献放在文后的参考文献中。参考文献分为中文部分（按作者姓名汉语拼音音序排序）和外文部分（按作者姓名首字母排序）两个部分。

作者在撰写提交论文时，可以参考《美国心理学会出版手册》（1994 年第 4 版）。

论文首页须标明论文标题、作者姓名、所在单位以及通信地址。

所有论文均应附有中、英文内容提要，字数一般不超过 150 字。

为方便联系，作者还应写上通信地址、电话及传真号码以及 email地址。如果是合作论文，那么第一作者即是联系人。

来稿收到，即复回札。来稿评阅采用国际惯例匿名制，过程需 2—3 个月。来稿是否需要修改或采用，可以通过投稿系统查询。如不拟采用，原稿不再退还。

编委会有权对来稿做必要的编辑处理，并会与作者联系。

编辑联系　由丁钢负责，地址：中国上海，200062，华东师范大学教育高等研究院，本集刊网址从 www. iase. ecnu. edu. cn 进入。

业务联系　包括订购、邮费、广告以及零购，均由教育科学出版社负责，地址：中国北京，100101，朝阳区安慧北里安园甲9号，电话：010-64989009。

《中国教育：研究与评论》由教育科学出版社出版，每年两辑。

CHINA'S EDUCATION: RESEARCH & REVIEW

The International Referred Journal of Chinese Education Studies
Educational Science Publishing House, Beijing

NOTES FOR CONTRIBUTORS

Purpose

The main purpose of this international refereed journal is dedicated to academic research on China's education and analysis to assist in policy making and planning in education in China. The journal also provides a vehicle and sharing forum for increasing awareness, consideration and analysis of practice, theory and issues in education change within China and her connection with international communities. It promotes the interchange of ideas on educational issues, and comparative studies both within the regions of China and between China and world, and pushes educational development in China.

Features

The journal invited submission of academic papers and research reports on educational change and experience in China among indigenous and global knowledge, and they must be established on basis of rich and deeply research experiences and important project-based research. The topics focus on contemporary development and front research and progress in China's education, as well as set a connection with educational tradition and global education.

Readership

The targeted readership comprises: (1) scholars and researchers who study in education in China and other related fields; (2) staffs of schools, colleges, universities and other educational institutions in China and abroad; (3) policy makers, and those who influence educational policy, in both public and private sectors; and (4) persons who have an interest in education in Chinese Education. The journal therefore aims primarily at a professional readership.

Guidelines for Submitting Manuscripts

Manuscripts can be submitted as attachments in Word format electronically online by website: www.iase.ecnu.edu.cn.

Manuscripts are accepted for consideration that they are original, not been published or offered for publication.

The journal will accept papers written in English or Chinese. Terms used for local contexts should be clearly explained.

Manuscripts must be typed (using Times New Roman font size 12) on one side of an 8 by 11 inch or A4 page only, and double-spaced with 1.5 inch or 5 cm margins. Total length of the manuscript, including illustrations, tables, figures, and data, giving word number equivalents, should normally be of the order of 30 000 to 50 000 words. Review articles can be around 10 000 words. Footnotes to the text and reference at the end of manuscript.

Authors should use the *Publication Manual of the American Psychological Association* (4th ed., 1994) as a guide for preparing manuscripts for submission.

The title page should carry the title, the authors' names and affiliations and correspondence addresses.

All manuscripts must include an abstract (English & Chinese) containing a maximum number of 150 words.

Contributors should provide full postal address, telephone and fax numbers as well as email address to facilitate communication. For joint authorship, the first author would be the contact person.

Manuscripts will receive two to three blind reviewers; the review process normally takes two to three months to conclude.

The editors reserve the right to edit manuscripts. Contributors will be contacted if substantial revision is recommended.

Copyright Policy

It is a condition of publication that authors vest copyright in their articles, including abstracts, in *China's Education: Research & Review* (CERR).

The views expressed in the papers or reports are those of the authors and do not necessarily reflect the position of the journal and Educational Science Publishing House.

It is the responsibility of the author(s) to obtain written permission for a quotation from unpublished material, or for all quotations in excess of 250 words in one extract or 500 words in total from any work still in copyright, and for the reprinting of illustrations or tables from unpublished or copyrighted material.

Editorial Correspondence, should be addressed to the Chief Editor, Ding Gang, Institute of Advanced Studies in Education, East China Normal University, Shanghai, 200062, P. R. C. (website: www. iase. ecnu. edu.cn).

Business Correspondence, including orders and subscription to the mailing list, advertisements, back numbers and offprints, should be sent to the Publication Officer, Educational Science Publishing House, Jia No. 9, Anyuan Anhuibeili, Chaoyang District, Beijing, 100101, P. R. C..

China's Education: Research & Review is published by ESPH, two series each year.

出 版 人　李　东
责任编辑　薛　莉
版式设计　孙欢欢
责任校对　贾静芳
责任印制　叶小峰

图书在版编目（CIP）数据

中国教育：研究与评论. 第22辑 / 丁钢主编. —
北京：教育科学出版社，2019. 4
ISBN 978-7-5191-1854-9

Ⅰ. ①中… Ⅱ. ①丁… Ⅲ. ①教育—中国—文集
Ⅳ. ①G52-53

中国版本图书馆 CIP 数据核字(2019)第 068083 号

中国教育：研究与评论（第 22 辑）
ZHONGGUO JIAOYU：YANJIU YU PINGLUN（DI 22 JI）

出版发行	教育科学出版社		
社　　址	北京·朝阳区安慧北里安园甲 9 号	**市场部电话**	010-64989009
邮　　编	100101	**编辑部电话**	010-64981280
传　　真	010-64891796	**网　　址**	http://www.esph.com.cn
经　　销	各地新华书店		
制　　作	北京金奥都图文制作中心		
印　　刷	北京玺诚印务有限公司		
开　　本	720 毫米×1020 毫米　1/16	**版　　次**	2019 年 4 月第 1 版
印　　张	11	**印　　次**	2019 年 4 月第 1 次印刷
字　　数	139 千	**定　　价**	33.00 元